A GRAMMAR GUIDE

A GRAMMAR GUIDE

Present Tenses

Francisco Zamarrón Terán

Para realizar pedidos de este libro, contacte con:
Palibrio
1663 Liberty Drive
Suite 200
Bloomington, IN 47403
Gratis desde EE. UU. al 877.407.5847
Gratis desde México al 01.800.288.2243
Gratis desde España al 900.866.949
Desde otro país al +1.812.671.9757
Fax: 01.812.355.1576
ventas@palibrio.com
419397

ÍNDICE

1. BE PRESENTE SIMPLE 11
   1.1 FORMA AFIRMATIVA 11
   1.2 FORMA NEGATIVA...15
   1.3 FORMA INTERROGATIVA 18

2. PRESENTE SIMPLE (DO-DOES)............................ 27
   2.1 FORMA AFIRMATIVA 27
   2.2 FORMA NEGATIVA.. 30
   2.3 FORMA INTERROGATIVA 33

3. CAN—PRESENTE SIMPLE.................................... 40
   3.1 FORMA AFIRMATIVA (VERBO EN FORMA SIMPLE,
       AUXILIAR MARCA TIEMPO Y FORMA). 40
   3.2 FORMA NEGATIVA (VERBO EN FORMA SIMPLE,
       AUXILIAR MARCA TIEMPO Y FORMA). 44
   3.3 FORMA INTERROGATIVA (VERBO EN FORMA
       SIMPLE, AUXILIAR MARCA TIEMPO Y FORMA)........... 47

4. ACONSEJAR (SHOULD)... 53
   4.1 FORMA AFIRMATIVA (VERBO EN FORMA SIMPLE,
       AUXILIAR MARCA TIEMPO Y FORMA). 53
   4.2 FORMA NEGATIVA (VERBO EN FORMA SIMPLE,
       AUXILIAR MARCA TIEMPO Y FORMA). 56
   4.3 FORMA INTERROGATIVA (VERBO EN FORMA
       SIMPLE, AUXILIAR MARCA TIEMPO Y FORMA)........... 59

5. DEBER (MUST).. 66
   5.1 FORMA AFIRMATIVA (VERBO EN FORMA SIMPLE,
       AUXILIAR MARCA TIEMPO Y FORMA). 66
   5.2 FORMA NEGATIVA (VERBO EN FORMA SIMPLE,
       AUXILIAR MARCA TIEMPO Y FORMA). 69
   5.3 FORMA INTERROGATIVA (VERBO EN FORMA
       SIMPLE, AUXILIAR MARCA TIEMPO Y FORMA)........... 72

6. PRESENTE PROGRESIVO (AM-IS-ARE)............................ 79
   6.1 FORMA AFIRMATIVA (VERBO EN PARTICIPIO
       PRESENTE, AUXILIAR MARCA TIEMPO Y FORMA). 79
   6.2 FORMA NEGATIVA (VERBO EN PARTICIPIO
       PRESENTE, AUXILIAR MARCA TIEMPO Y FORMA). 82
   6.3 FORMA INTERROGATIVA (VERBO EN PARTICIPIO
       PRESENTE, AUXILIAR MARCA TIEMPO Y FORMA). 85

7. PRESENTE PERFECTO (HAVE-HAS)............................... 92
   7.1 FORMA AFIRMATIVA (VERBO EN PARTICIPIO
       PASADO, AUXILIAR MARCA TIEMPO Y FORMA)......... 92
   7.2 FORMA NEGATIVA (VERBO EN PARTICIPIO
       PASADO, AUXILIAR MARCA TIEMPO Y FORMA). 96
   7.3 FORMA INTERROGATIVA (VERBO EN PARTICIPIO
       PASADO, AUXILIAR MARCA TIEMPO Y FORMA). 99

SAMPLE ANSWERS 105

¿Cómo usar este material?

1. El aprendizaje de un idioma es una habilidad que requiere práctica, paciencia y determinación.

2. El material se presenta con las instrucciones en español para que no tengas dificultad para comprender la información.

3. Vas a necesitar un buen diccionario bilingüe para que aprendas el vocabulario que necesitas, es decir, el que te interesa.

4. Vas a ver cuadros como estos:

SUJETO	VERBO AUXILIAR	VERBO	RESTO DEL ENUNCIADO

a) SUJETO: es quien realiza la acción.
b) VERBO AUXILIAR: va a hacer lo que el verbo principal no puede hacer, nos va a indicar TIEMPO y FORMA (afirmativa, negativa ó interrogativa).
c) VERBO: siempre nos vamos a referir así al VERBO PRINCIPAL, es el que expresa la acción que se lleva a cabo.
d) RESTO DEL ENUNCIADO: aquí recibes información sobre cómo se realiza la acción (indicadores de tiempo, lugar, descripciones).
e) Las secciones horizontales te indican, con sombreados, enunciados que se agrupan de esta manera porque usan diferentes formas verbales ó diferente forma del verbo auxiliar.

5. En los cuadros verás modelos de todas las variantes que ofrecen cada tiempo en sus tres formas. Los puedes usar para modificarlos y expresar por escrito lo que necesites con ayuda de tu diccionario.

6. En los cuadros modelo verás el equivalente en español para que te sea más sencillo comprender el idioma escrito.

7. El propósito de este trabajo es que inicialmente:

   a) Te sirva como "diccionario gramatical" que esté a tu disposición en cualquier momento.
   b) Que vayas practicando repetidamente para que aprendas los patrones estructurales hasta que los domines totalmente.
   c) Que aprendas lo que expresan los tiempos gramaticales.
   d) Que uses el diccionario para entender palabras nuevas.
   e) Que uses el diccionario para aprender el vocabulario que realmente necesitas, no el que yo siento que necesitas.
   f) Que adquieras confianza, porque si tienes una lengua, puedes aprender otra.
   g) Que puedas entender el lenguaje escrito para que puedas ingresar a internet o leer documentos o información en inglés.
   h) Que te puedas expresar tus ideas por escrito en forma eficaz.
   i) Que elimines un obstáculo para tu trabajo o tus estudios.

SUGERENCIAS:

   ○ Compara todos los cuadros de los diferentes tiempos para que encuentres semejanzas y diferencias.

   ○ Copia los cuadros que tengas que resolver en un cuaderno y resuelve en el cuaderno. ¿Por qué? Para que refuerces tu aprendizaje al leer y escribir.

o El cuadro de PREGUNTAS DE INFORMACIÓN te va a presentar otra forma de manejar el idioma. Analízalo cuidadosamente. Está al final de cada uno de los siete capítulos.

o La sección **WHAT ABOUT YOU?** Es para establecer una comunicación directa contigo y puedas aplicar lo que estás aprendiendo inmediatamente.

o Revisa los ejemplos de respuestas (Sample Answers) al final del libro.

o ¡Anímate! Crea tus propios cuadros con información que exprese tus intereses.

o El diccionario es un instrumento valioso, que te da los significados que necesitas. Úsalo siempre que lo requieras.

1. BE PRESENTE SIMPLE

INFORMACIÓN ÚTIL

- Cuando Be es el verbo principal no necesita verbo auxiliar.
- Se usa para expresar acciones que son habituales o que son verdad, pero que no necesariamente las realizamos siempre en el momento de hablar.
- Como en español, existen tres personas gramaticales, que pueden ser singular o plural:
- ▶ 1ª persona, la que habla: I—we.
- ▶ 2ª persona, con quien se habla: you—you.
- ▶ 3ª persona, de quién se habla: he, she, it*, they.
- ▶ Vamos a usar las tres formas más comunes para comunicarnos en Inglés.

En el texto anterior, el que habla de personas, marca con amarillo las personas que expresen singular y con verde las que expresen plural. Creo que lo hiciste bien. Puedes consultar las respuestas en la sección Sample Answers al final del libro.

1.1 FORMA AFIRMATIVA

- ▶ Esta es la primera forma que sirve para expresar SER o ESTAR (en un lugar).
- ▶ Observa el orden de las columnas.
- ▶ Marca con amarillo las palabras que expresen ser y con verde las que expresen estar.
- ▶ Vas muy bien. De todas maneras ya sabes dónde verificar tus respuestas.
- ▶ La información entre paréntesis se usa para formar una contracción (convertir dos palabras en una) y se coloca inmediatamente después del sujeto: I'm.

---

* It se usa para referirnos a un objeto, animal, vegetal, idea o institución en singular.

▶ Escribe las contracciones restantes: ____ — ____ — ____ — ____ — ____ — ____

▶ ¿Cuál es la primera columna? ¿Por qué?

SUJETO	VERBO	RESTO DEL ENUNCIADO
I (Yo)	*am ('m)* soy	*Latin American.* latinoamericano.
We (Nosotros)	*are ('re)* estamos	*at home.* en casa.
You (Tú/Ustedes)	*are ('re)* eres/son	*happy.* feliz/felices.
They (Ellos/Ellas)	*are ('re)* son	*young.* jóvenes.
He* (Él)	*is ('s)* está	*in the classroom.* en el salón de clases.
She* (Ella)	*is ('s)* es	*a pediatrician.* una pediatra
It*	*is ('s)* Es	*a black dog.* un perro negro.

▶ Contesta SI o NO.

	SI	NO
a) BE se usa en todos los enunciados.	☐	☐
b) Solo se usan dos formas verbales.	☐	☐
c) Se divide el cuadro en tres partes.	☐	☐
d) Las tres secciones usan la misma forma verbal.	☐	☐
e) Una forma se puede usar en singular y plural.	☐	☐
f) Se usa un verbo auxiliar.	☐	☐
g) Todos los enunciados indican lugar.	☐	☐

---

* La 3ª persona de singular en tiempos presentes SIEMPRE TERMINA EN S.

Tiempo de aplicar:

▶ Creo que lo hiciste bien. De todas maneras ya sabes dónde verificar tus respuestas.

▶ Completa este cuadro para indicar SER o ESTAR.

SUJETO	VERBO	RESTO DEL ENUNCIADO
I		a student.
We		soccer players.
You		a good friend.
They		at school.
He*		my grandfather.
She*		at the office.
It*		a small house.

▶ Ahora completa la primera columna.

SUJETO	VERBO	RESTO DEL ENUNCIADO
	am	in my room.
	are	family.
	are	a music fan.
	are	in the park.
	is	in the hospital.
	is	an engineer.
	is	a beautiful flower.

▶ Si lo crees necesario consulta el diccionario para que hagas enunciados diferentes.

▶ Completa la tercera columna para que el enunciado exprese "ser" ó "estar".

SUJETO	VERBO	RESTO DEL ENUNCIADO
I	am	
We	are	
You	are	
They	are	
He*	is	
She*	is	
It*	is	

▶ Haz realizado tu primera práctica con éxito.

AUTOEVALUACIÓN: *Contesta las siguientes preguntas, escribe del 1 al 5, siendo el 5 el valor máximo y el 1 el valor mínimo.*

a) La **INFORMACIÓN ÚTIL** es una sección que te ayudó. _____

b) ¿Entendiste los modelos presentados en el cuadro? _____

c) ¿Entendiste la función de cada columna del cuadro? _____

d) ¿Puedes escribir tus propios ejemplos con la ayuda de un diccionario? _____

e) ¿Crees que puedes alcanzar mayores logros con este material? _____

1.2 FORMA NEGATIVA

▶ Observa cuidadosamente este cuadro. ¿Cuál es la diferencia con el afirmativo?
▶ ¡Por supuesto que estás en lo correcto! Solo agregamos la palabra negativa o su contracción.
▶ Para que no se nos olvide, señaliza la nueva información en el cuadro.

SUJETO	VERBO NEGATIVO	RESTO DEL ENUNCIADO
I (Yo)	*am not ('m not)* no soy	*Latin American.* latinoamericano.
We (Nosotros)	*are not (aren't)* no estamos	*at home.* en casa.
You (Tú/Ustedes)	*are not (aren't)* no eres/no son	*happy.* feliz/felices.
They (Ellos/Ellas)	*are not (aren't)* no son	*young.* jóvenes.
He* (Él)	*is not (isn't)* no está	*in the classroom.* en el salón de clases.
She* (Ella)	*is not (isn't)* no es	*a pediatrician.* una pediatra.
It*	*is not (isn't)* No es	*a black dog.* un perro negro.

▶ ¿Observaste la contracción negativa del verbo entre paréntesis?
▶ Contesta SI o NO.   SI   NO
   a) BE se usa en todos los enunciados.   ☐   ☐
   b) Solo se usan tres formas verbales.   ☐   ☐
   c) Se divide de forma diferente.   ☐   ☐
   d) Las tres secciones usan la misma forma verbal.   ☐   ☐
   e) Una forma se puede usar en singular y plural. ☐   ☐
   f) Se usa un verbo auxiliar.   ☐   ☐
   g) Todos los enunciados indican ser.   ☐   ☐

Tiempo de aplicar:

- ▶ Sé que lo hiciste bien. De todas maneras ya sabes dónde verificar tus respuestas.
- ▶ Completa este cuadro para indicar NO SER o NO ESTAR.

SUJETO	VERBO NEGATIVO	RESTO DEL ENUNCIADO
I		a student.
We		soccer players.
You		a good friend.
They		at school.
He*		my grandfather.
She*		at the office.
It*		a small house.

- ▶ Ahora completa este cuadro, que ya hiciste antes para que indique lo que NO ES o NO ESTÁ.
- ▶ Si lo crees necesario consulta el diccionario para que hagas enunciados diferentes.

SUJETO	VERBO NEGATIVO	RESTO DEL ENUNCIADO
I	am	
We	are	
You	are	
They	are	
He*	is	
She*	is	
It*	is	

▶ ¿Pusiste punto final a cada enunciado?

▶ Ahora completa las dos columnas incompletas.

SUJETO	VERBO NEGATIVO	RESTO DEL ENUNCIADO
	am	in my room.
	are	family.
	are	a music fan.
	are	in the park.
	is	in the hospital.
	is	an engineer.
	is	a beautiful flower.

• Haz realizado tu segunda práctica con éxito.

AUTOEVALUACIÓN: *Contesta las siguientes preguntas, escribe del 1 al 5, siendo el 5 el valor máximo y el 1 el valor mínimo.*

a) ¿Los cuadros afirmativos te ayudaron a comprender los nuevos? _____

b) ¿Entendiste los modelos presentados en el nuevo cuadro? _____

c) ¿Entendiste la función de cada columna del cuadro? _____

d) ¿Puedes escribir tus propios ejemplos con la ayuda de un diccionario? _____

e) ¿Crees que sea difícil la siguiente sección? _____

1.3 FORMA INTERROGATIVA

▶ Observa cuidadosamente este cuadro. ¿Cuál es la diferencia con el afirmativo?

▶ ¡Tienes razón! Solo cambiamos la posición del sujeto.

▶ Para que no se nos olvide, señaliza la nueva información en el cuadro.

VERBO	SUJETO	RESTO DEL ENUNCIADO
Am ¿Soy	*I* (yo)	*Latin American?* latinoamericano?
Are ¿Estamos	*we* (nosotros)	*at home?* en casa
Are ¿Eres/Son	*you* (tú/ustedes)	*happy?* feliz/felices?
Are ¿Son	*they* (ellas/ellos)	*young?* jóvenes?
Is* ¿Está	*he* (él)	*in the classroom?* en el salón de clases?
Is* ¿Es	*she* (ella)	*a pediatrician?* una pediatra?
Is* ¿Es	*it*	*a black dog?* un perro negro?

▶ Contesta SI o NO.

	SI	NO
a) BE se usa en todos los enunciados.	☐	☐
b) Solo se usa una forma verbal.	☐	☐
c) El cuadro se organiza de forma diferente.	☐	☐
d) Se usan las tres personas gramaticales.	☐	☐
e) Una forma se puede usar en singular y plural.	☐	☐
f) Se usa un verbo auxiliar.	☐	☐
g) Todos los enunciados indican estar.	☐	☐

▶ Por seguridad, ya sabes dónde verificar tus respuestas.

INFORMACIÓN ÚTIL:

- Las preguntas que acabamos de ver intentan verificar una información para saber si es afirmativa o negativa.

- Se puede contestar con "Yes." o "No."

- Otras formas de contestar, que indican aceptación o negación, son las siguientes:

Are you . . . ?	Yes, I am.	No, I'm not.
Are you . . . ?	Yes, we are.	No, we aren't.
Am I . . . ?	Yes, you are.	No, you aren't.
Are we . . . ?	Yes, you are.	No, you aren't.
Are they . . . ?	Yes, they are.	No, they aren't.
Is she . . . ?	Yes, she is.	No, she isn't.
Is he . . . ?	Yes, he is.	No, he isn't.
Is it . . . ?	Yes, it is.	No, it isn't.

Tiempo de aplicar:

▶ Contesta SI o NO.   SI   NO

a) ¿Podemos llamar "respuestas cortas"
   a las anteriores?   ☐   ☐
b) ¿La organización te resulta conocida?   ☐   ☐
c) ¿Cada respuesta consta de dos elementos?   ☐   ☐
d) Se usan todas las personas gramaticales.   ☐   ☐
e) ¿Se parecen a los patrones estructurales
   que conoces?   ☐   ☐
f) ¿En todas las respuestas se usa un verbo
   auxiliar?   ☐   ☐
g) ¿Se proporciona información adicional?   ☐   ☐

▶ Completa este cuadro para preguntar por SER o ESTAR.

VERBO	SUJETO	RESTO DEL ENUNCIADO
	I	a student?
	we	soccer players?
	you	a good friend?
	they	at school?
	he	my grandfather?
	she	at the office?
	it	a small house?

▶ Verifica la comprensión de los enunciados.

▶ Ahora completa este cuadro.

VERBO	SUJETO	RESTO DEL ENUNCIADO
Am		in my room?
Are		family?
Are		a music fan?
Are		in the park?
Is		in the hospital?
Is		an engineer?
Is		a beautiful flower?

▶ Verifica la comprensión de las preguntas.

▶ Ahora completa este cuadro, que ya hiciste antes para que preguntes lo que ES o ESTÁ.
▶ Si lo crees necesario consulta el diccionario para que hagas enunciados diferentes.

VERBO	SUJETO	RESTO DEL ENUNCIADO
Am	I	
Are	we	
Are	you	
Are	they	
Is	he*	
Is	she*	
Is	it*	

▶ ¿Pusiste signo de interrogación a cada enunciado?
▶ Haz realizado tu tercera práctica con éxito.

AUTOEVALUACIÓN: Contesta las siguientes preguntas, escribe del 1 al 5, siendo el 5 el valor máximo y el 1 el valor mínimo.

a) ¿Los cuadros afirmativos te ayudaron a comprender los nuevos? _____
b) ¿Entendiste los modelos presentados en el nuevo cuadro? _____
c) ¿Entendiste la función de cada columna del cuadro? _____
d) ¿Puedes escribir tus propios ejemplos con la ayuda de un diccionario? _____
e) ¿Crees que tienes la capacidad para entender el inglés escrito? _____

EJERCICIO FINAL:

- El verbo be en presente simple tiene _____ formas.
- La forma que se usa con "I" es _____.
- La forma que se usa con "We", "You" y "They" es _____.
- La forma para "She", "He" e "It" es _____.
- Para pasar de la forma afirmativa a la negativa _____ _____.
- Para hacer preguntas _____.

PREGUNTAS DE INFORMACIÓN

INFORMACIÓN ÚTIL:

- Se usan palabras interrogativas que inician con "WH" (who—what—where—when) o "H" (how—how often—how old—how long).
- Estas palabras se colocan antes de la estructura interrogativa.
- Se usan para obtener información específica sobre algo en particular.
- Estas preguntas no se responden con un "sí" o "no".

Palabra Interrogativa	Verbo	Sujeto	Sujeto	Verbo	Resto del enunciado
	am / soy	I? / yo?	You (Tú)	are / eres	Jerry. / Jerry.
	are / somos	we? / nosotros?	You (Ustedes)	are / son	Tom and Tim. / Tom y Tim.
	are / eres/son	you? / tú/ustedes?	We (Nosotros)	are / somos	Mr. and Mrs. Lee. / el Sr. y la Sra. Lee.
Who ¿Quién/Quienes	are / son	they? / ellas/ellos?	They (Ellos)	are / son	Mary and Joe. / Mari y Pepe.
	is / es	she? / ella?	She (Ella)	is / es	my mother. / mi mamá.
	is / es	he? / él?	He (Él)	is / es	her husband. / su (de ella) esposo.
	is / es?	it?*	It	's / Es	Frank. / Paco.

Palabra Interrogativa	Verbo	Sujeto
	am soy	I? yo?
	are somos	we? nosotros?
	are eres/son	you? tú/ustedes?
What ¿Qué	are son	they? ellas/ellos?
	is es	she? ella?
	is es	he? él?
	is es?	it? (ello)?

Sujeto	Verbo	Resto del enunciado
You (Tú)	are eres	a dentist. dentista.
You (Ustedes)	are son	students. estudiantes.
We (Nosotros)	are somos	Canadians. Canadienses.
They (Ellos)	are son	firefighters. bomberos.
She (Ella)	is es	my teacher. mi maestra.
He (Él)	is es	a carpenter. un carpintero.
It	's Es	an opportunity. una oportunidad.

Palabra Interrogativa	Verbo	Sujeto
	am estoy	I? (yo)?
	are estamos	we? (nosotros)?
	are estás/están	you? (tú/ustedes)?
Where ¿Dónde	are están	they? (ellas/ellos)?
	is está	she? ella?
	is está	he? él?
	is está	it? (ello)?

Sujeto	Verbo	Resto del enunciado
You (Tú)	are estás	at home. en casa.
You (Ustedes)	are están	at work. en el trabajo.
We (Nosotros)	are estamos	at the concert. en el concierto.
They (Ellos)	are están	at the museum. en el museo.
She (Ella)	is está	in the office. en la oficina.
He (Él)	is está	in the subway. en el metro.
It	's Está	on the floor. en el suelo.

- 25 -

Tabla 1

Palabra Interrogativa	Verbo	Sujeto	Sujeto	Verbo	Resto del enunciado
	am soy/estoy	I? (yo)?	You (Tú)	are eres/estás	nice/fine. agradable/bien.
	are somos/estamos	we? (nosotros)?	You (Ustedes)	are son/están	good/OK. buenos/OK.
	are son/están	you? (ustedes)?	We (Nosotros)	are somos/estamos	serious/well. serios/bien.
How ¿Cómo	are son/están	they? (ellas/ellos)?	They (Ellos)	are son/están	cool/sick. tranquilos/enfermos.
	is es/está	she? ella?	She (Ella)	is es/está	nervous/happy. nerviosa/feliz.
	is es/está	he? él?	He (Él)	is es/está	active/unhappy. activo/infeliz.
	is es/está	it? (ello)?	It	's Es/Está	excellent/ugly. excelente/feo(a).

Tabla 2

Palabra Interrogativa	Verbo	Sujeto	Sujeto	Verbo	Resto del enunciado
	am tengo	I? (yo)?	You (Tú)	are tienes	ten years old. diez años.
	are tenemos	we? (nosotros)?	You (Ustedes)	are tienen	twenty. veinte.
	are tienen	you? (ustedes)?	We (Nosotros)	are tenemos	eight. ocho.
How old ¿Cuántos años	are tienen	they? (ellas/ellos)?	They (Ellos)	are tienen	eighty. ochenta.
	is tiene	she? ella?	She (Ella)	is tiene	fifteen. quince.
	is tiene	he? él?	He (Él)	is tiene	thirty. treinta.
	is tiene	it? (ello)?	It	's Tiene	two. dos.

WHAT ABOUT YOU? ¿Qué hay acerca de tí?

1. Who are you?

2. Who is your best friend?

3. What are you?

4. What is your best friend?

5. Where are you from?

6. Where is your best friend from?

7. How are you?

8. How is your best friend?

9. Who are your father and mother?

10. Are they from Australia?

11. Are they dentists?

12. Are they at school now?

13. Is your house small?

14. Is it hot or cold?

15. Is it an apartament?

16. Where is it?

▶ Verifica la comprensión del cuestionario.
▶ Usa el diccionario si lo crees conveniente.
▶ Anota tus respuestas en tu cuaderno.

2. PRESENTE SIMPLE (DO-DOES)

INFORMACIÓN ÚTIL:

- El tiempo *Presente Simple* no se usa para expresar lo que está sucediendo.
- Se usa para expresar acciones que son habituales o que son verdad, pero que no necesariamente las realizamos en el momento de hablar.
- El verbo auxiliar que se usa es Do y Does en la 3ª personal de singular.

2.1 FORMA AFIRMATIVA

▶ Observa con atención el siguiente cuadro.

SUJETO	VERBO AUXILIAR	VERBO	RESTO DEL ENUNCIADO
I (Yo)	X	*speak* hablo	*Spanish.* español.
We (Nosotros)	X	*work* trabajamos	*in an office.* en una oficina.
You (Tú/Ustedes)	X	*play* juegas/juegan	*soccer.* fútbol.
They (Ellas/Ellos)	X	*live* viven	*in New York.* en Nueva York.
He* (Él)	X	*drinks* toma/bebe	*coffee.* café.
She* (Ella)	X	*studies* estudia	*literature.* literatura.
It*	X	*rains* Llueve	*in summer.* en verano.

---

* 3ª persona de singular en este tiempo agrega "s-es". (Cuando el verbo termina en "y" y va precedida de una consonante, la "y" se cambia por "i" y se agrega la terminación "es".)

► Contesta SI o NO.

a) No hay verbo auxiliar porque el verbo basta
   para expresar la acción.   ☐   ☐
b) Hay tres grupos de enunciados.   ☐   ☐
c) Solamente un grupo agrega "s" o "es".   ☐   ☐
d) Se usan todas las personas gramaticales.   ☐   ☐
e) Aunque no se usa se menciona un nuevo
   elemento estructural.   ☐   ☐
f) El tiempo sirve para expresar acciones
   habituales.   ☐   ☐
g) El tiempo sirve para expresar lo que se
   está haciendo en el momento.   ☐   ☐
h) Pudiste entender el significado de los
   enunciados.   ☐   ☐

*AUTOEVALUACIÓN: Contesta las siguientes preguntas, escribe
del 1 al 5, siendo el 5 el valor máximo y el 1 el valor mínimo.*

a) La **INFORMACIÓN ÚTIL** es una sección que te
   ayudó.   _____
b) ¿Entendiste los modelos presentados en el cuadro? _____
c) ¿Entendiste la función de cada columna del cuadro? _____
d) ¿Entendiste el significado de cada enunciado?   _____
e) ¿Crees que puedes alcanzar mayores logros con
   este material?   _____

Tiempo de aplicar:

- ▶ Ahora completa la columna faltante.
- ▶ Si lo consideras necesario puedes consultar tu diccionario.

SUJETO	VERBO AUXILIAR	VERBO	RESTO DEL ENUNCIADO
I	X	speak	
We	X	work	
You	X	play	
They	X	live	
He*	X	drink<u>s</u>	
She*	X	studi<u>es</u>	
It*	X	snow<u>s</u>	

- ▶ Puedes comparar tus respuestas con las que se sugieren en la sección final.

- ▶ Vamos a completar la columna faltante. Creo que te será fácil.
- ▶ Si tienes dificultades con el significado, no dudes en usar el diccionario.

SUJETO	VERBO AUXILIAR	VERBO	RESTO DEL ENUNCIADO
	X	have	a dictionary.
	X	go	to school.
	X	read	emails.
	X	jog	in the mornings.
	X	writ<u>es</u>	poems.
	X	run<u>s</u>	marathons.
	X	look<u>s</u>	nice.

- ▶ No olvides verificar tus respuestas.

▶ Lee cuidadosamente el "resto del enunciado" para que escribas un verbo adecuado.

SUJETO	VERBO AUXILIAR	VERBO	RESTO DEL ENUNCIADO
I	X		French.
We	X		emails.
You	X		biology.
They	X		volleyball.
He*	X		in France.
She*	X		in a bank.
It*	X		a small doghouse.

▶ Compara tus respuestas con las de la sección final.

2.2 FORMA NEGATIVA

▶ Observa cuidadosamente el cuadro y busca dos novedades.

SUJETO	VERBO AUXILIAR NEGATIVO	VERBO	RESTO DEL ENUNCIADO
I (Yo)	*do not (don't)* no	*speak* hablo	*Spanish.* español.
We (Nosotros)	*do not (don't)* no	*work* trabajamos	*in an office.* en una oficina.
You (Tú/Ustedes)	*do not (don't)* no	*play* juegas/juegan	*soccer.* fútbol.
They (Ellas/Ellos)	*do not (don't)* no	*live* viven	*in New York.* en Nueva York.
He* (Él)	*does not (doesn't)* no	*drink* toma/bebe	*coffee.* café.
She* (Ella)	*does not (doesn't)* no	*study* estudia	*literature.* literatura.
It*	*does not (doesn't)* No	*rain* llueve	*in summer.* en verano.

▶ Con seguridad observaste también que la "S" se la quitamos al verbo y se le colocó al verbo auxiliar.

▶ Contesta SI o NO.   SI   NO
  a) El verbo auxiliar tiene dos formas.   □   □
  b) Hay tres grupos de enunciados.   □   □
  c) Solamente un grupo agrega "es" al verbo
     auxiliar.   □   □
  d) Se usan todas las personas gramaticales.   □   □
  e) La forma sirve para negar acciones habituales.   □   □
  f) Puedes usar contracción para expresar el
     negativo.   □   □
  g) Pudiste entender el significado de los
     enunciados.   □   □

AUTOEVALUACIÓN: *Contesta las siguientes preguntas, escribe del 1 al 5, siendo el 5 el valor máximo y el 1 el valor mínimo.*

a) La **INFORMACIÓN ÚTIL** es clara.   _____
b) ¿Entendiste los modelos presentados en el cuadro? _____
c) ¿Entendiste la función de cada columna del
   cuadro?   _____
d) ¿Entendiste el significado de cada enunciado?   _____

Tiempo de aplicar:

▶ Ahora completa este cuadro para expresar enunciados negativos.

SUJETO	VERBO AUXILIAR NEGATIVO	VERBO	RESTO DEL ENUNCIADO
I		have	a dictionary.
We		go	to school.
You		read	emails.
They		jog	in the mornings.
He*		write	poems.
She*		run	marathons.
It*		look	nice.

▶ ¿Observaste que antes de completar el cuadro, el cuadro era parecido al afirmativo?

▶ Vamos a completar el siguiente cuadro, usa la información de la última columna.

SUJETO	VERBO AUXILIAR NEGATIVO	VERBO	RESTO DEL ENUNCIADO
I	do not (don't)		tea.
We	do not (don't)		emails.
You	do not (don't)		biology.
They	do not (don't)		volleyball.
He*	does not (doesn't)		in France.
She*	does not (doesn't)		in a bank.
It*	does not (doesn't)		a small doghouse.

▶ Compara tus resultados con el cuadro que aparece al final.

▶ Completa con los sujetos correspondientes.

SUJETO	VERBO AUXILIAR NEGATIVO	VERBO	RESTO DEL ENUNCIADO
	do not (don't)	speak	Italian.
	do not (don't)	work	in a school.
	do not (don't)	play	tennis.
	do not (don't)	live	in Paris.
	does not (doesn't)	eat	pizza.
	does not (doesn't)	drive	a car.
	does not (doesn't)	have	a garage.

▶ ¿Entendiste el nuevo vocabulario?

▶ Lee cuidadosamente la información para que completes el cuadro lógicamente.

▶ Usa tu diccionario si lo crees conveniente.

SUJETO	VERBO AUXILIAR NEGATIVO	VERBO	RESTO DEL ENUNCIADO
I	do not (don't)	speak	
We	do not (don't)	work	
You	do not (don't)	play	
They	do not (don't)	live	
He*	does not (doesn't)	get	
She*	does not (doesn't)	study	
It*	does not (doesn't)	rain	

2.3 FORMA INTERROGATIVA

▶ Observa cuidadosamente el siguiente cuadro.

VERBO AUXILIAR	SUJETO	VERBO	RESTO DEL ENUNCIADO
Do	I ¿(Yo)	speak hablo	Spanish? español?
Do	we ¿(Nosotros)	work trabajamos	in an office? en una oficina?
Do	you ¿(Tú/Ustedes)	play juegas/juegan	soccer? fútbol?
Do	they ¿(Ellas/Ellos)	live viven	in New York? en Nueva York?
Does	he ¿(Él)	drink toma/bebe	coffee? café?
Does	she ¿(Ella)	study estudia	literatura? literatura?
Does	it	rain ¿Llueve	in summer? en verano?

▶ Seguramente te diste cuenta que la terminación "es" que indica la 3ª persona de singular la lleva el verbo auxiliar y el verbo se usa en forma simple.

INFORMACIÓN ÚTIL:

- Las preguntas que acabamos de ver intentan verificar una información para saber si es afirmativa o negativa.
- Se puede contestar con "Yes." o "No."
- Otras formas de contestar, que indican aceptación o negación, son las siguientes:
  - Do you . . . ?   Yes, I do.   No, I don't.
  - Do you . . . ?   Yes, we do.   No, we don't.
  - Do I . . . ?   Yes, you do.   No, you don't.
  - Do we . . . ?   Yes, you do.   No, you don't.
  - Do they . . . ?   Yes, they do.   No, they don't.
  - Does she . . . ? Yes, she does.   No, she doesn't.
  - Does he . . . ?   Yes, he does.   No, he doesn't.
  - Does it . . . ?   Yes, it does.   No, it doesn't.

▶ Contesta SI o NO.

	SI	NO
a) El verbo auxiliar tiene dos formas.	☐	☐
b) Hay dos grupos de enunciados.	☐	☐
c) Solamente un grupo agrega "es" al verbo auxiliar.	☐	☐
d) Se usan todas las personas gramaticales.	☐	☐
e) Se incluye un nuevo elemento estructural.	☐	☐
f) La forma sirve para preguntar sobre acciones habituales.	☐	☐
g) Puedes usar contracción para expresar el negativo.	☐	☐
h) Se señala la 3ª persona de singular.	☐	☐

Tiempo de aplicar:

▶ Completa el siguiente cuadro, debe ser realmente sencillo.

VERBO AUXILIAR	SUJETO	VERBO	RESTO DEL ENUNCIADO
	I	have	a dictionary?
	we	go	to school?
	you	read	emails?
	they	jog	in the mornings?
	he*	write	poems?
	she*	run	marathons?
	it*	look	nice?

▶ Creo que usaste *do* y *does* correctamente.

▶ Ahora completa este cuadro.

VERBO AUXILIAR	SUJETO	VERBO	RESTO DEL ENUNCIADO
Do		speak	Italian?
Do		work	in a school?
Do		play	tennis?
Do		live	in Paris?
Does		eat	pizza?
Does		drive	a car.
Does		have	a garage?

▶ ¿Entendiste el significado de todas las preguntas?

► Observa los verbos cuidadosamente para completar en forma lógica.

► Puedes usar tu diccionario si es necesario.

VERBO AUXILIAR	SUJETO	VERBO	RESTO DEL ENUNCIADO
Do	I	jog	
Do	we	read	
Do	you	eat	
Do	they	sing	
Does	he*	live	
Does	she*	work	
Does	it*	cost	

► No olvides el signo de interrogación al final de cada pregunta.

► Consulta los modelos de la sección final.

► Observa la información cuidadosamente para completar en forma lógica.

► Puedes usar tu diccionario si es necesario.

VERBO AUXILIAR	SUJETO	VERBO	RESTO DEL ENUNCIADO
Do	I		in an office?
Do	we		oranges?
Do	you		at home?
Do	they		magazines?
Does	he*		by plane?
Does	she*		a computer?
Does	it*		a stereo?

► Compara tus resultados con el cuadro que aparece al final.

▶ Contesta SI o NO.   SI   NO

a) El verbo auxiliar se usa en las tres formas
del presente simple.   ☐   ☐

b) El verbo auxiliar hace lo que el verbo
principal no puede hacer.   ☐   ☐

c) El verbo auxiliar lleva la "s" en tercera
persona de singular.   ☐   ☐

d) Se usan todas las personas gramaticales.   ☐   ☐

e) Se usa un nuevo elemento estructural.   ☐   ☐

f) El tiempo sirve para expresar acciones
habituales.   ☐   ☐

g) El tiempo sirve para expresar algo que es
verdad o costumbre.   ☐   ☐

h) Pudiste entender el significado de los
enunciados.   ☐   ☐

i) Tienes dos formas para contestar las
preguntas.   ☐   ☐

EJERCICIO FINAL:

- El verbo *do* en presente simple tiene _____ forma(s).
- La forma que se usa con "I" es _____.
- La forma que se usa con "We", "You" y "They" es _____.
- La forma para "She", "He" e "It" es _____.
- Para pasar de la forma afirmativa a la negativa _____
  _____.
- Para hacer preguntas _____.

PREGUNTAS DE INFORMACIÓN

INFORMACIÓN ÚTIL:

- Se usan palabras interrogativas que inician con "WH" (who—what—where—when) o "H" (how—how often—how old—how long).
- Estas palabras se colocan antes de la estructura interrogativa.
- Se usan para obtener información específica sobre algo en particular.
- Estas preguntas no se responden con un "sí" o "no".

PALABRA INTERROGATIVA	VERBO AUXILIAR	SUJETO	VERBO	RESTO DEL ENUNCIADO
What ¿Qué	do	I	do hago	in an office? en una oficina?
Where ¿Dónde	do	we	buy compramos	oranges? naranjas?
When ¿Cuándo	do	you	go vamos	home? a casa?
Who ¿A quién	do	they	sell se venden	magazines to? las revistas?
How ¿Cómo	do**es**	he*	go va	to work? al trabajo
¿How often ¿Qué tan seguido	do**es**	she*	work trabaja	on a computer? en una computadora?
¿How long ¿Cuánto tiempo	do**es**	it*	take toma	to get downtown? llegar al centro?

WHAT ABOUT YOU?

1. What do you do in the mornings?

2. What does your friend do in the mornings?

3. What do you like to play?

4. What does he/she like to play?

5. What do you like to read?

6. What does he/she like to read?

7. Where do you love to eat?

8. Where does he/she love to eat?

9. How do you go downtown?

10. How does he/she go downtown?

11. Do you exercise everyday?

12. Does your friend exercise too?

13. Do you like fruit?

14. Does he/she eat fruit too?

15. Do you rent movies?

16. Does he/she have a laptop?

17. Do your friends like to dance?

18. Do they have parties?

19. Do they have an occupation?

20. Do they play on a team?

▶ Verifica la comprensión del cuestionario.
▶ Usa el diccionario si lo crees conveniente.
▶ Anota tus respuestas en tu cuaderno.

3. CAN—PRESENTE SIMPLE

INFORMACIÓN ÚTIL:

- ▶ Expresa poder, habilidad para hacer algo.
- ▶ En ocasiones, se puede usar para pedir permiso o pedir a alguien que haga algo.
- ▶ Expresa acciones habituales o que son verdad.
- ▶ La acción no se realiza en el momento en que se está hablando.

3.1 FORMA AFIRMATIVA (VERBO EN FORMA SIMPLE, AUXILIAR MARCA TIEMPO Y FORMA).

- ▶ Observa cuidadosamente el cuadro y descubre diferencias con lo que conoces.

SUJETO	VERBO AUXILIAR	VERBO	RESTO DEL ENUNCIADO
I (Yo)	can puedo	speak hablar	Spanish. español.
We (Nosotros)	can podemos	work trabajar	in an office. en una oficina.
You (Tú/Ustedes)	can puedes/pueden	play jugar	soccer. fútbol.
They (Ellas/Ellos)	can pueden	live vivir	in New York. en Nueva York.
He (Él)	can puede	drink tomar/beber	coffee. café.
She (Ella)	can puede	study estudiar	literature. literatura.
It	can Puede	rain llover	in summer. en verano.

- ► ¡Bravo! Como pudiste observar esta es una excepción a la 3ª persona de singular, NO SE AGREGA "S" y el verbo se usa en forma simple.
- ► ¿Observaste también que puedes intercambiar casi todos los sujetos y verbos como quieras?

► Contesta SI o NO.

	SI	NO
a) No hay verbo auxiliar porque el verbo basta para expresar la acción.	☐	☐
b) Hay dos grupos de enunciados.	☐	☐
c) Solamente un grupo agrega "s" o "es".	☐	☐
d) Se usan todas las personas gramaticales.	☐	☐
e) Aparece un nuevo elemento estructural.	☐	☐
f) El tiempo sirve para expresar acciones habituales.	☐	☐
g) El tiempo sirve para expresar lo que se está haciendo en el momento.	☐	☐
h) Pudiste entender el significado de los enunciados.	☐	☐

AUTOEVALUACIÓN: *Contesta las siguientes preguntas, escribe del 1 al 5, siendo el 5 el valor máximo y el 1 el valor mínimo.*

a) La **INFORMACIÓN ÚTIL** es una sección que te ayudó. _____

b) ¿Entendiste los modelos presentados en el cuadro? _____

c) ¿Entendiste la función de cada columna del cuadro? _____

d) d) ¿Entendiste el significado de cada enunciado? _____

e) e) ¿Crees que el material siguiente será difícil? _____

Tiempo de aplicar:

▶ Lee cuidadosamente el siguiente cuadro, completa cada enunciado lógicamente.

▶ Si lo consideras necesario usa tu diccionario para hacerlo.

▶ No olvides poner punto final.

SUJETO	VERBO AUXILIAR	VERBO	RESTO DEL ENUNCIADO
I	can	jog	
We	can	read	
You	can	eat	
They	can	sing	
He	can	live	
She	can	work	
It	can	cost	

▶ Compara tus resultados con el cuadro que aparece al final.

▶ Completa el siguiente cuadro.

SUJETO	VERBO AUXILIAR	VERBO	RESTO DEL ENUNCIADO
	can	surf	the net.
	can	swim	fast.
	can	learn	Chinese.
	can	dance	salsa.
	can	use	a computer.
	can	work	in a restaurant.
	can	buy	a pair of jeans.

▶ Asegúrate de entender el significado de los enunciados.

▶ Completa el siguiente cuadro.

SUJETO	VERBO AUXILIAR	VERBO	RESTO DEL ENUNCIADO
I		cook	spaghetti.
We		dance	rock.
You		read	in French.
They		wash	my jeans.
He		write	a novel.
She		go	home by bus.
It		work	on batteries.

▶ ¿Sencillo? Observa las combinaciones que puedes hacer.

▶ Observa cuidadosamente el "Resto del Enunciado" para que completes lógicamente.

▶ Usa el diccionario si lo crees conveniente.

SUJETO	VERBO AUXILIAR	VERBO	RESTO DEL ENUNCIADO
I	can		a cell phone.
We	can		in French.
You	can		the guitar.
They	can		pasta.
He	can		home by bus.
She	can		the window.
It	can		the door.

▶ Consulta los ejemplos al final del libro.

3.2 FORMA NEGATIVA (VERBO EN FORMA SIMPLE, AUXILIAR MARCA TIEMPO Y FORMA).

▶ Encuentra la diferencia y las similitudes entre esta forma y la anterior.
▶ Señaliza la diferencia.

SUJETO	VERBO AUXILIAR NEGATIVO	VERBO	RESTO DEL ENUNCIADO
I (Yo)	can not (can't) no puedo	*speak* hablar	*Spanish.* español.
We (Nosotros)	can not (can't) no podemos	*work* trabajar	*in an office.* en una oficina.
You (Tú/Ustedes)	can not (can't) no puedes/no pueden	*play* jugar	*soccer.* fútbol.
They (Ellas/Ellos)	can not (can't) no pueden	*live* vivir	*in New York.* en Nueva York.
He (Él)	can not (can't) no puede	*drink* tomar/beber	*coffee.* café.
She (Ella)	can not (can't) no puede	*study* estudiar	*literature.* literatura.
It	can not (can't) No puede	*rain* llover	*in summer.* en verano.

▶ ¡Vamos bien! La diferencia es la negación en cualquiera de sus dos formas, lo demás permanece igual.

Tiempo de aplicar:

▶ Completa la columna que falta.
▶ Verifica la comprensión de los enunciados.

SUJETO	VERBO AUXILIAR NEGATIVO	VERBO	RESTO DEL ENUNCIADO
I		jog	at school.
We		read	in Chinese.
You		eat	a sandwich.
They		sing	a Christmas song.
He		live	in an apartment.
She		work	in a supermarket.
It		cost	ten dollars.

▶ ¿Fue sencillo?

▶ Ahora completa este cuadro.

SUJETO	VERBO AUXILIAR NEGATIVO	VERBO	RESTO DEL ENUNCIADO
	can't	buy	a cell phone.
	can't	read	in French.
	can't	play	the guitar.
	can't	cook	pasta.
	can't	go	home by bus.
	can't	open	the window.
	can't	close	the door.

▶ Verifica la comprensión de los enunciados.

► Lee cuidadosamente el siguiente cuadro, completa cada enunciado lógicamente.
► Si lo consideras necesario usa tu diccionario para hacerlo.

SUJETO	VERBO AUXILIAR NEGATIVO	VERBO	RESTO DEL ENUNCIADO
I	can't	visit	
We	can't	watch	
You	can't	buy	
They	can't	prepare	
He	can't	cancel	
She	can't	catch	
It	can't	wear	

► Verifica la comprensión de la información.
► Consulta los ejemplos al final del libro.

► Lee cuidadosamente el siguiente cuadro, completa cada enunciado lógicamente.
► Si lo consideras necesario usa tu diccionario para hacerlo.

SUJETO	VERBO AUXILIAR NEGATIVO	VERBO	RESTO DEL ENUNCIADO
I	can't		a movie on TV.
We	can't		handball.
You	can't		an email.
They	can't		English.
He	can't		by plane.
She	can't		a new car.
It	can't		on solar energy.

► Verifica la comprensión de la información.
► Consulta los ejemplos al final del libro.

3.3 FORMA INTERROGATIVA (VERBO EN FORMA SIMPLE, AUXILIAR MARCA TIEMPO Y FORMA).

▶ Encuentra la diferencia y las similitudes entre esta forma y la afirmativa.
▶ Señaliza la diferencia.

VERBO AUXILIAR	SUJETO	VERBO	RESTO DEL ENUNCIADO
Can ¿Puedo	I (yo)	speak hablar	Spanish? español?
Can ¿Podemos	we (nosotros)	work trabajar	in an office? en una oficina?
Can ¿Puedes/Pueden	you (tú/ustedes)	play jugar	soccer? fútbol?
Can ¿Pueden	they (ellas/ellos)	live vivir	in New York? en Nueva York?
Can ¿Puede	he (él)	drink tomar/beber	coffee? café?
Can ¿Puede	she (ella)	study estudiar	literature? literatura?
Can ¿Puede	it	rain llover	in summer? en verano?

INFORMACIÓN ÚTIL:

- Las preguntas que acabamos de ver intentan verificar una información para saber si es afirmativa o negativa.
- Se puede contestar con "Yes." o "No."
- Otras formas de contestar, que indican aceptación o negación, son las siguientes:

  - Can you . . . ?   Yes, I can.   No, I can't.
  - Can you . . . ?   Yes, we can.   No, we can't.
  - Can I . . . ?   Yes, you can.   No, you can't.
  - Can we . . . ?   Yes, you can.   No, you can't.
  - Can they . . . ? Yes, they can.   No, they can't.
  - Can she . . . ?   Yes, she can.   No, she can't.
  - Can he . . . ?   Yes, he can.   No, he can't.
  - Can it . . . ?   Yes, it can.   No, it can't.

▶ Contesta SI o NO.

	SI	NO
a) El verbo auxiliar tiene dos formas.	☐	☐
b) Hay dos grupos de enunciados.	☐	☐
c) Solamente un grupo agrega "es" al verbo auxiliar.	☐	☐
d) Se usan todas las personas gramaticales.	☐	☐
e) Se incluye un nuevo elemento estructural.	☐	☐
f) La forma sirve para preguntar sobre acciones habituales.	☐	☐
g) Puedes usar contracción para expresar el negativo.	☐	☐
h) Se señala la 3ª persona de singular.	☐	☐

Tiempo de aplicar:

▶ Observa la información de que dispones.
▶ Completa las dos columnas vacías.

VERBO AUXILIAR	SUJETO	VERBO	RESTO DEL ENUNCIADO
	I	buy	
	we	read	
	you	play	
	they	cook	
	he	go	
	she	open	
	it	close	

▶ Consulta los ejemplos al final del libro.

▶ Observa la información de que dispones.
▶ Completa la columna vacía.

VERBO AUXILIAR	SUJETO	VERBO	RESTO DEL ENUNCIADO
Can	I		a taxi?
Can	we		to the market?
Can	you		a gas station?
Can	they		golf?
Can	he		in the garden?
Can	she		rumba?
Can	it		a message?

▶ Verifica la comprensión de la información.

▶ Completa el siguiente cuadro.

VERBO AUXILIAR	SUJETO	VERBO	RESTO DEL ENUNCIADO
Can		travel	to Italy?
Can		speak	Portuguese?
Can		walk	to work?
Can		be	good friends?
Can		work	with a computer?
Can		learn	Chinese?
Can		snow	in July?

▶ Verifica la comprensión de las preguntas.

EJERCICIO FINAL:

- El verbo *can* en presente simple tiene _____ forma(s).
- La forma que se usa con "I" es _____.
- La forma que se usa con "We", "You" y "They" es _____.
- La forma para "She", "He" e "It" es _____.
- Para pasar de la forma afirmativa a la negativa _____.
- Para hacer preguntas _____.

PREGUNTAS DE INFORMACIÓN

INFORMACIÓN ÚTIL:

- Se usan palabras interrogativas que inician con "WH" (who—what—where—when) o "H" (how—how often—how old—how long)
- Estas palabras se colocan antes de la estructura interrogativa.
- Se usan para obtener información específica sobre algo en particular.
- Estas preguntas no se responden con un "sí" o "no".

PALABRA INTERROGATIVA	VERBO AUXILIAR	SUJETO	VERBO	RESTO DEL ENUNCIADO
Who ¿Con quién	can puedo	I (yo)	talk hablar?	to?
What ¿Qué	can podemos	we (nosotros)	read leer	about the city? sobre la ciudad?
Where ¿Dónde	can puedes/pueden	you (tú/usted/es)	play jugar	soccer? fútbol?
When ¿Cuando	can pueden	they (ellas/ellos)	cook cocinar	the pasta? la pasta?
How often ¿Con qué frecuencia	can puede	he (él)	go ir/asistir	to the gym? al gimnasio?
How long ¿Cuánto tiempo	can puede	she (ella)	swim nadar	in the sea? en el mar?
How ¿Cómo	can puede	it (ello)	close cerrar	the garage? la cochera?

WHAT ABOUT YOU?

1. What can you do on a rainy day?

2. Where can you go dancing?

3. Who can teach you English?

4. When can you have vacation?

5. How can you celebrate your birthday?

6. Where can you buy this book?

7. How often can you practice English?

8. How can your friends contact you?

9. How often can you see them?

10. How long can you hold your breath?

11. Can you run a marathon?

12. Can you use a dictionary?

13. Can you play tennis?

14. Can your friend swim long distances?

15. Can you train a dog?

16. Can your friend speak a foreign language?

17. Can your mother use an Ipad?

18. Can she bake cakes?

19. Can your father ride on a motorcycle?

20. Can he play a sport?

► Verifica la comprensión del cuestionario.
► Usa el diccionario si lo crees conveniente.
► Anota tus respuestas en tu cuaderno.

4. ACONSEJAR (SHOULD)

INFORMACIÓN ÚTIL:

▶ Expresa consejo o prohibición (es opcional, puede o no hacerse).

4.1 FORMA AFIRMATIVA (VERBO EN FORMA SIMPLE, AUXILIAR MARCA TIEMPO Y FORMA).

▶ La información entre paréntesis se usa para formar una contracción (convertir dos palabras en una) y se coloca inmediatamente después del sujeto: I'd.

▶ Escribe las contracciones restantes: _____ — _____ — _____ — _____ — _____ — _____

SUJETO	VERBO AUXILIAR	VERBO	RESTO DEL ENUNCIADO
I	should ('d)	speak	Spanish.
(Yo)	debería	hablar	español.
We	should ('d)	work	in an office.
(Nosotros)	deberíamos	trabajar	en una oficina.
You	should ('d)	play	soccer.
(Tú/Ustedes)	deberías/deberían	jugar	fútbol.
They	should ('d)	live	in New York.
(Ellas/Ellos)	deberían	vivir	en Nueva York.
He	should ('d)	drink	coffee.
(Él)	debería	tomar/beber	café.
She	should ('d)	study	literature.
(Ella)	debería	estudiar	literatura.
It	should ('d)	rain	in summer.
	Debería	llover	en verano.

▶ Seguramente observaste que no hay "s" en la tercera persona del singular.

► Contesta SI o NO.

	SI	NO
a) El verbo auxiliar tiene dos formas.	☐	☐
b) Hay dos grupos de enunciados.	☐	☐
c) Solamente un grupo agrega "es" al verbo auxiliar.	☐	☐
d) Se usan todas las personas gramaticales.	☐	☐
e) Se incluye un nuevo elemento estructural.	☐	☐
f) La forma sirve para expresar una obligación.	☐	☐
g) Puedes usar contracción para expresar el negativo.	☐	☐
h) Se señala la 3ª persona de singular.	☐	☐

Tiempo de aplicar:

► Completa el siguiente cuadro.

SUJETO	VERBO AUXILIAR	VERBO	RESTO DEL ENUNCIADO
	should ('d)	be	punctual.
	should ('d)	take	some vitamins.
	should ('d)	read	more books.
	should ('d)	close	the door.
	should ('d)	get	a new pair of jeans.
	should ('d)	travel	by plane.
	should ('d)	go	to the vet.

► Como pudiste observar fue sumamente sencillo hacerlo.
► ¿Pudiste comprender el significado de los enunciados?

▶ Ahora, completa este cuadro.

SUJETO	VERBO AUXILIAR	VERBO	RESTO DEL ENUNCIADO
I		visit	grandmother.
We		go	to the concert.
You		study	more.
They		learn	to swim.
He		write	an email.
She		buy	a car.
It		function	well.

▶ Lo hiciste correctamente.
▶ Verifica el vocabulario nuevo con tu diccionario.

▶ Lee detenidamente este cuadro para que lo completes lógicamente.
▶ Usa tu diccionario si es necesario.

SUJETO	VERBO AUXILIAR	VERBO	RESTO DEL ENUNCIADO
I	should ('d)	learn	
We	should ('d)	eat	
You	should ('d)	go	
They	should ('d)	open	
He	should ('d)	sleep	
She	should ('d)	read	
It	should ('d)	run	

▶ Consulta los ejemplos al final del libro.

▶ Lee detenidamente este cuadro para que lo completes lógicamente.

▶ Usa tu diccionario si es necesario.

SUJETO	VERBO AUXILIAR	VERBO	RESTO DEL ENUNCIADO
I	should ('d)		Portuguese.
We	should ('d)		spaghetti.
You	should ('d)		by metro.
They	should ('d)		the marathon.
He	should ('d)		a song.
She	should ('d)		mathematics.
It	should ('d)		expensive.

▶ Consulta los ejemplos al final del libro.

4.2 FORMA NEGATIVA (VERBO EN FORMA SIMPLE, AUXILIAR MARCA TIEMPO Y FORMA).

▶ Encuentra la diferencia entre este cuadro y el afirmativo.

SUJETO	VERBO AUXILIAR NEGATIVO	VERBO	RESTO DEL ENUNCIADO
I (Yo)	should not (shouldn't) no debería	speak hablar	Spanish. español.
We (Nosotros)	should not (shouldn't) no deberíamos	work trabajar	in an office. en una oficina.
You (Tú/Ustedes)	should not (shouldn't) no deberías/deberían	play jugar	soccer. fútbol.
They (Ellas/Ellos)	should not (shouldn't) no deberían	live vivir	in New York. en Nueva York.
He (Él)	should not (shouldn't) no debería	drink tomar/beber	coffee. café.
She (Ella)	should not (shouldn't) no debería	study estudiar	literature. literatura.
It	should not (shouldn't) No debería	rain llover	in summer. en verano.

▶ Fue bastante fácil, ¿verdad?

▶ Contesta SI o NO.   SI   NO
  a) El verbo auxiliar no se puede contraer.   ☐   ☐
  b) Hay tres grupos de enunciados.   ☐   ☐
  c) Se usan todas las personas gramaticales.   ☐   ☐
  d) Se incluye un nuevo elemento estructural.   ☐   ☐
  e) La forma sirve para preguntar sobre acciones
     habituales.   ☐   ☐
  f) Puedes usar contracción para expresar el
     negativo.   ☐   ☐
  g) Se señala la 3ª persona de singular.   ☐   ☐

Tiempo de aplicar:

▶ Completa este cuadro.

SUJETO	VERBO AUXILIAR NEGATIVO	VERBO	RESTO DEL ENUNCIADO
	should not (shouldn't)	smoke	cigarretes.
	should not (shouldn't)	drive	a motorcycle.
	should not (shouldn't)	play	hockey.
	should not (shouldn't)	eat	junk food.
	should not (shouldn't)	exercise	so hard.
	should not (shouldn't)	sleep	late.
	should not (shouldn't)	make	noise.

▶ Verifica la comprensión de los enunciados.

▶ Usa contracciones para completar este cuadro.

SUJETO	VERBO AUXILIAR NEGATIVO	VERBO	RESTO DEL ENUNCIADO
I		wear	bermudas.
We		go	without a ticket.
You		write	with pencil.
They		miss	that movie.
He		drink	soda.
She		buy	a party dress.
It		eat	chocolate.

▶ Verifica el vocabulario nuevo en tu diccionario

▶ Lee detenidamente la información para que completes lógicamente.
▶ Usa el diccionario si lo consideras necesario.

SUJETO	VERBO AUXILIAR NEGATIVO	VERBO	RESTO DEL ENUNCIADO
I	should not (shouldn't)		by taxi.
We	should not (shouldn't)		casual clothing.
You	should not (shouldn't)		cigarettes.
They	should not (shouldn't)		at night.
He	should not (shouldn't)		a cat.
She	should not (shouldn't)		at home.
It	should not (shouldn't)		difficult.

▶ Consulta los ejemplos al final del libro.

▶ Lee detenidamente la información para que completes lógicamente.

▶ Usa el diccionario si lo consideras necesario.

SUJETO	VERBO AUXILIAR NEGATIVO	VERBO	RESTO DEL ENUNCIADO
I	should not (shouldn't)	eat	
We	should not (shouldn't)	go	
You	should not (shouldn't)	buy	
They	should not (shouldn't)	exercise	
He	should not (shouldn't)	drink	
She	should not (shouldn't)	wear	
It	should not (shouldn't)	snow	

▶ Consulta los ejemplos al final del libro.

4.3 FORMA INTERROGATIVA (VERBO EN FORMA SIMPLE, AUXILIAR MARCA TIEMPO Y FORMA).

▶ Lee cuidadosamente y observa el cambio en la estructura.

VERBO AUXILIAR	SUJETO	VERBO	RESTO DEL ENUNCIADO
Should ¿Debería	I (yo)	speak hablar	Spanish? español?
Should ¿Deberíamos	we (nosotros)	work trabajar	in an office? en una oficina?
Should ¿Deberías/ Deberían	you (tú/ustedes)	play jugar	soccer? fútbol?
Should ¿Deberían	they (ellas/ellos)	live vivir	in New York? en Nueva York?
Should ¿Debería	he (él)	drink tomar/beber	coffee? café?
Should ¿Debería	she (ella)	study estudiar	literature? literatura?
Should ¿Debería	it	rain llover	in summer? en verano?

▶ Contesta SI o NO.

	SI	NO
a) El verbo auxiliar cambia de posición.	☐	☐
b) Ningún enunciado agrega "es" al verbo auxiliar.	☐	☐
c) Se usan todas las personas gramaticales.	☐	☐
d) Se incluye un nuevo elemento estructural.	☐	☐
e) La forma sirve para preguntar sobre acciones habituales.	☐	☐
f) Puedes usar contracción.	☐	☐
g) Se expresa obligatoriedad.	☐	☐

INFORMACIÓN ÚTIL:

* Las preguntas que acabamos de ver intentan verificar una información para saber si es afirmativa o negativa.
* Se puede contestar con "Yes." o "No."
* Otras formas de contestar, que indican aceptación o negación, son las siguientes:

▪ Should you . . . ?	Yes, I should.	No, I shouldn't.
▪ Should you . . . ?	Yes, we should.	No, we shouldn't.
▪ Should I . . . ?	Yes, you should.	No, you shouldn't.
▪ Should we . . . ?	Yes, you should.	No, you shouldn't.
▪ Should they . . . ?	Yes, they should.	No, they shouldn't.
▪ Should she . . . ?	Yes, she should.	No, she shouldn't.
▪ Should he . . . ?	Yes, he should.	No, he shouldn't.
▪ Should it . . . ?	Yes, it should.	No, it shouldn't.

Tiempo de aplicar:

▶ Completa el siguiente cuadro.

VERBO AUXILIAR	SUJETO	VERBO	RESTO DEL ENUNCIADO
	I	jog	in the morning?
	we	have	some food?
	you	play	a videogame?
	they	live	in New York?
	he	stay	in bed?
	she	take	the bus?
	it	snow	in July?

▶ Verifica el significado del nuevo vocabulario.

▶ Ahora, completa este cuadro.

VERBO AUXILIAR	SUJETO	VERBO	RESTO DEL ENUNCIADO
Should		wear	a tie?
Should		walk	home?
Should		buy	a cell phone?
Should		learn	a foreign language?
Should		drink	milk?
Should		watch	TV?
Should		be	on time?

▶ ¿Entendiste toda la información?

▶ Lee detenidamente la información para que completes lógicamente.

▶ Usa el diccionario si lo consideras necesario.

VERBO AUXILIAR	SUJETO	VERBO	RESTO DEL ENUNCIADO
Should	I		an ice-cream?
Should	we		to the stadium?
Should	you		French?
Should	they		fruit?
Should	he		an email?
Should	she		a new dress?
Should	it		in winter?

▶ Consulta los ejemplos al final del libro.

▶ Lee detenidamente la información para que completes lógicamente.

▶ Usa el diccionario si lo consideras necesario.

VERBO AUXILIAR	SUJETO	VERBO	RESTO DEL ENUNCIADO
Should	I	speak	
Should	we	work	
Should	you	play	
Should	they	live	
Should	he	drink	
Should	she	study	
Should	it	rain	

▶ Consulta los ejemplos al final del libro.

▶ ¿Pusiste signo de interrogación a cada pregunta?

EJERCICIO FINAL:

- El verbo *should* en presente simple tiene _____ forma(s).
- La forma que se usa con "I" es _____.
- La forma que se usa con "We", "You" y "They" es _____.
- La forma para "She", "He" e "It" es _____.
- Para pasar de la forma afirmativa a la negativa _____.
- Para hacer preguntas _____.

PREGUNTAS DE INFORMACIÓN

INFORMACIÓN ÚTIL:

- Se usan palabras interrogativas que inician con "WH" (why—who—what—where—when) o "H" (how—how often—how old—how long)
- Estas palabras se colocan antes de la estructura interrogativa.
- Se usan para obtener información específica sobre algo en particular.
- Estas preguntas no se responden con un "sí" o "no".

PALABRA INTERROGATIVA	VERBO AUXILIAR	SUJETO	VERBO	RESTO DEL ENUNCIADO
What	should	I	do	with my dog?
¿Qué	debería	(yo)	hacer	con mi perro?
Who	should	we	invite	to the party?
A quién	deberíamos	(nosotros)	invitar	a la fiesta?
Why	should	you	dress	formally?
¿Por qué	debería/n/s	(usted/es/tú)	vestir	formalmente?
Where	should	they	go	first?
¿A dónde	deberían	(ellas/ellos)	ir	primero.
When	should	he	have	a check up?
¿Cuándo	debería	(él)	hacerse	unos exámenes?
How long	should	she	take	the medicine?
¿Por cuánto tiempo	debería	(ella)	tomar	la medicina?
How	should	it	work	properly?
¿Cómo	debería	(ello)	trabajar	apropiadamente?

WHAT ABOUT YOU?

1. What should you do about pollution?

2. When should you go to the doctor?

3. When should you buy flowers for someone?

4. How should you celebrate a birthday?

5. Where should you go on vacation?

6. How often should you go to the dentist?

7. Why should you wear a seat belt?

8. How should we dress for a ceremony?

9. Who should I talk to about my cat?

10. Where should they put the milk?

11. Should you smoke cigarettes?

12. Should you get up late?

13. Should you help people?

14. Should he/she drink sodas?

15. Should your friend go on a diet?

16. Should he/she work at night?

17. Should you father sleep late?

18. Should he exercise a little?

19. Should your mother read more?

20. Should she learn Chinese?

▶ Verifica la comprensión del cuestionario.
▶ Usa el diccionario si lo crees conveniente.
▶ Anota tus respuestas en tu cuaderno.

5. DEBER (MUST)

INFORMACIÓN ÚTIL:

▶ Expresa obligatoriedad o necesidad.
▶ Generalmente se combina con presente simple.

5.1 FORMA AFIRMATIVA (VERBO EN FORMA SIMPLE, AUXILIAR MARCA TIEMPO Y FORMA).

▶ Lee cuidadosamente este cuadro.
▶ Usa tu diccionario si es necesario.

SUJETO	VERBO AUXILIAR	VERBO	RESTO DEL ENUNCIADO
I (Yo)	must debo	speak hablar	Spanish. español.
We (Nosotros)	must debemos	work trabajar	in an office. en una oficina.
You (Tú/Ustedes)	must debes/deben	play jugar	soccer. fútbol.
They (Ellas/Ellos)	must deben	live vivir	in New York. en Nueva York.
He (Él)	must debe	drink tomar/beber	coffee. café.
She (Ella)	must debe	study estudiar	literature. literatura.
It	must Debe	rain llover	in summer. en verano.

▶ Verifica la comprensión de la información.

► Contesta SI o NO.

	SI	NO
a) El verbo auxiliar tiene dos formas.	☐	☐
b) Se expresa lo que se debe hacer.	☐	☐
c) Solamente un grupo agrega "s" al verbo auxiliar.	☐	☐
d) Se usan todas las personas gramaticales.	☐	☐
e) Se incluye un nuevo elemento estructural.	☐	☐
f) La forma sirve para expresar acciones habituales.	☐	☐
g) Puedes usar contracción.	☐	☐
h) Puedes intercambiar la información de casi todos los enunciados.	☐	☐

Tiempo de aplicar:

► Completa el siguiente cuadro.
► Usa tu diccionario para entender el nuevo vocabulario.

SUJETO	VERBO AUXILIAR	VERBO	RESTO DEL ENUNCIADO
	must	understand	English.
	must	practice	everyday.
	must	surf	the net.
	must	see	the doctor.
	must	check	his mail.
	must	lose	some weight.
	must	have	four cylinders.

► ¿Entendiste el significado de los enunciados?

► Ahora, vas a completar la segunda columna.

SUJETO	VERBO AUXILIAR	VERBO	RESTO DEL ENUNCIADO
I		be	punctual.
We		work	at home.
You		drive	to work.
They		live	in an apartment.
He		have	a cell pone.
She		exercise	once a day.
It		work	on solar energy.

► ¿Como se dice "fácil" en inglés? "Piece of cake."

► Lee la información y deduce lo que falta.
► Usa el diccionario si lo consideras necesario.

SUJETO	VERBO AUXILIAR	VERBO	RESTO DEL ENUNCIADO
I	must		Italian.
We	must		in a supermarket.
You	must		volleyball.
They	must		in a mobile home.
He	must		on a diet.
She	must		an aspirin a day.
It	must		hot in summer.

► Piece of cake?
► Consulta los ejemplos al final del libro.

▶ Lee la información y deduce lo que falta.
▶ Usa el diccionario si lo consideras necesario.

SUJETO	VERBO AUXILIAR	VERBO	RESTO DEL ENUNCIADO
I	must	travel	to
We	must	read	
You	must	buy	
They	must	answer	
He	must	go	to
She	must	learn	
It	must	be	

▶ Consulta los ejemplos al final del libro.

5.2 FORMA NEGATIVA (VERBO EN FORMA SIMPLE, AUXILIAR MARCA TIEMPO Y FORMA).

▶ Creo que ya sabes que buscar en el cambio de forma. ¡Hazlo!

SUJETO	VERBO AUXILIAR NEGATIVO	VERBO	RESTO DEL ENUNCIADO
I (Yo)	must not (mustn't) no debo	speak hablar	Spanish. español.
We (Nosotros)	must not (mustn't) no debemos	work trabajar	in an office. en una oficina.
You (Tú/Ustedes)	must not (mustn't) no debes/deben	play jugar	soccer. fútbol.
They (Ellas/Ellos)	must not (mustn't) no deben	live vivir	in New York. en Nueva York.
He (Él)	must not (mustn't) no debe	drink tomar/beber	coffee. café.
She (Ella)	must not (mustn't) no debe	study estudiar	literature. literatura.
It	must not (mustn't) No debe	rain llover	in summer. en verano.

▶ ¿Lo encontraste? ¿Claro que sí? ¡Eres excelente!

▶ Contesta SI o NO.

	SI	NO
a) El verbo auxiliar tiene una forma.	☐	☐
b) Se expresa lo que no se debe hacer.	☐	☐
c) La forma sirve para expresar acciones habituales.	☐	☐
d) Puedes usar contracción.	☐	☐
e) Puedes intercambiar la información de casi todos los enunciados.	☐	☐

Tiempo de aplicar:

▶ Empecemos por algo sencillo.

SUJETO	VERBO AUXILIAR NEGATIVO	VERBO	RESTO DEL ENUNCIADO
	must not (mustn't)	get up	late.
	must not (mustn't)	swim	in the sea.
	must not (mustn't)	cross	the street here.
	must not (mustn't)	go	to Alaska.
	must not (mustn't)	sell	your car.
	must not (mustn't)	walk	to work.
	must not (mustn't)	eat	chocolate.

▶ Piece of cake?
▶ Verifica la comprensión de los enunciados.

► Ahora vamos a hacer otro cuadro.

SUJETO	VERBO AUXILIAR NEGATIVO	VERBO	RESTO DEL ENUNCIADO
I		smoke	cigarettes.
We		take	the metro.
You		open	the door.
They		play	in the street.
He		eat	pork.
She		paint	the chair.
It		sleep	in the house.

► Verifica la comprensión de los enunciados.
► Si es necesario consulta tu diccionario.

► Lee cuidadosamente la información para completar lógicamente.
► Usa el diccionario si es necesario.

SUJETO	VERBO AUXILIAR NEGATIVO	VERBO	RESTO DEL ENUNCIADO
I	must not (mustn't)		hockey.
We	must not (mustn't)		junk food.
You	must not (mustn't)		on the book.
They	must not (mustn't)		soda.
He	must not (mustn't)		his cell on.
She	must not (mustn't)		to the hospital.
It	must not (mustn't)		a problem.

► Piece of cake?
► Consulta los ejemplos al final del libro.

▶ Lee cuidadosamente la información para completar lógicamente.
▶ Usa el diccionario si es necesario.

SUJETO	VERBO AUXILIAR NEGATIVO	VERBO	RESTO DEL ENUNCIADO
I	must not (mustn't)	run	
We	must not (mustn't)	swim	
You	must not (mustn't)	open	
They	must not (mustn't)	ride	
He	must not (mustn't)	play	
She	must not (mustn't)	work	
It	must not (mustn't)	be	

▶ Piece of cake?
▶ Consulta los ejemplos al final del libro.

5.3 FORMA INTERROGATIVA (VERBO EN FORMA SIMPLE, AUXILIAR MARCA TIEMPO Y FORMA).

▶ Busca la diferencia entre este cuadro y los anteriores.

VERBO AUXILIAR	SUJETO	VERBO	RESTO DEL ENUNCIADO
Must ¿Debo	I (yo)	speak hablar	Spanish? español?
Must ¿Debemos	we (nosotros)	work trabajar	in an office? en una oficina?
Must ¿Debes/Deben	you (tú/ustedes)	play jugar	soccer? fútbol?
Must ¿Deben	they (ellas/ellos)	live vivir	in New York? en Nueva York?
Must ¿Debe	he (él)	drink tomar/beber	coffee? café?
Must ¿Debe	she (ella)	study estudiar	literature? literatura?
Must ¿Debe	it	rain llover	in summer? en verano?

▶ Seguro que lograste identificar la diferencia.

► Contesta SI o NO.

	SI	NO
a) El verbo auxiliar cambia de posición.	☐	☐
b) El verbo principal se usa en forma simple.	☐	☐
c) La forma sirve para expresar acciones habituales.	☐	☐
d) Puedes usar contracción.	☐	☐
e) Puedes intercambiar la información de casi todos los enunciados.	☐	☐

INFORMACIÓN ÚTIL:

- Las preguntas que acabamos de ver intentan verificar una información para saber si es afirmativa o negativa.
- Se puede contestar con "Yes." o "No."
- Otras formas de contestar, que indican aceptación o negación, son las siguientes:
    - Must you . . . ?   Yes, I must.   No, I mustn't.
    - Must you . . . ?   Yes, we must.   No, we mustn't.
    - Must I . . . ?   Yes, you must.   No, you mustn't.
    - Must we . . . ?   Yes, you must.   No, you mustn't.
    - Must they . . . ? Yes, they must. No, they mustn't.
    - Must she . . . ?   Yes, she must.   No, she mustn't.
    - Must he . . . ?   Yes, he must.   No, he mustn't.
    - Must it . . . ?   Yes, it must.   No, it mustn't.

Tiempo de aplicar:

▶ Empecemos ahora por lo más sencillo.

VERBO AUXILIAR	SUJETO	VERBO	RESTO DEL ENUNCIADO
	I	play	the guitar?
	we	learn	Chinese?
	you	travel	by bus?
	they	see	the doctor?
	he	buy	a ticket?
	she	read	the book?
	it	use	gas?

▶ Verifica la comprensión de las preguntas.

▶ Completa el siguiente cuadro.

VERBO AUXILIAR	SUJETO	VERBO	RESTO DEL ENUNCIADO
Must		wear	a suit?
Must		work	at night?
Must		go	to Alaska?
Must		come	in the morning?
Must		practice	everyday?
Must		dress	casually?
Must		cost	$1,000?

▶ Verifica la comprensión del vocabulario nuevo.

► Lee cuidadosamente la información para completar
lógicamente.

► Usa el diccionario si es necesario.

VERBO AUXILIAR	SUJETO	VERBO	RESTO DEL ENUNCIADO
Must	I		the newspaper?
Must	we		a laptop?
Must	you		an ebook?
Must	they		lunch?
Must	he		a sandwich?
Must	she		to work?
Must	it		slow?

► Consulta los ejemplos al final del libro.

► Lee cuidadosamente la información para completar
lógicamente.

► Usa el diccionario si es necesario.

VERBO AUXILIAR	SUJETO	VERBO	RESTO DEL ENUNCIADO
Must	I	buy	
Must	we	learn	
Must	you	speak	
Must	they	have	
Must	he	study	
Must	she	go	
Must	it	be	

► Consulta los ejemplos al final del libro.

► Verifica la comprensión de los enunciados.

► ¿Pusiste signo de interrogación a cada pregunta?

EJERCICIO FINAL:

- El verbo *must* en presente simple tiene _____ forma(s).
- La forma que se usa con "I" es _____.
- La forma que se usa con "We", "You" y "They" es _____.
- La forma para "She", "He" e "It" es _____.
- Para pasar de la forma afirmativa a la negativa _____
  _____.

- Para hacer preguntas _____.

PREGUNTAS DE INFORMACIÓN

INFORMACIÓN ÚTIL:

- Se usan palabras interrogativas que que inician con "WH" (why—who—what—where—when) o "H" (how—how often—how old—how long)
- Estas palabras se colocan antes de la estructura interrogativa.
- Se usan para obtener información específica sobre algo en particular.
- Estas preguntas no se responden con un "sí" o "no".

PALABRA INTERROGATIVA	VERBO AUXILIAR	SUJETO	VERBO	RESTO DEL ENUNCIADO
Why ¿Por qué	must debo	I (yo)	play tocar	the piano? el piano?
Where ¿Dónde	must debemos	we (nosotros)	buy comprar	the tickets? los boletos?
When ¿Cuándo	must debes/debe/n	you (tú/usted/es)	wear usar/portar	a uniform? uniforme?
Who ¿A quién	must deben	they ellos/ellas	visit visitar	in Boston? en Boston?
What ¿Qué	must debe	he (él)	write escribir	on the document? en el documento?
How often ¿Qué tan seguido	must debe	she (ella)	take tomar/ medir	her blood pressure? su presión arterial?
When ¿Cuándo	must debe	it (ello)	use usar	gas? gasolina?

WHAT ABOUT YOU?

1. How long must you jog everyday?

2. How must you go to work?

3. What must you do everyday?

4. Why must you work on this book?

5. Where must you keep your money?

6. How often must you go to work/school?

7. When must you wear formal clothes?

8. Who must pay for your education?

9. How old must you be to have a driver's license?

10. Why must you be successful in life?

11. Must you be punctual?

12. Must you be a productive person?

13. Must you dream big?

14. Must your friends count on you?

15. Must they dream too?

16. Must they be responsible?

17. Must your Mom have a job?

18. Must she have friends?

19. Must your Dad have a nice time?

20. Must he retire soon?

▶ Verifica la comprensión del cuestionario.
▶ Usa el diccionario si lo crees conveniente.
▶ Anota tus respuestas en tu cuaderno.

6. PRESENTE PROGRESIVO (AM-IS-ARE)

INFORMACIÓN ÚTIL:

▶ Expresa lo que sucede al momento de hablar.
▶ En un período en presente.
▶ En un futuro cercano.

6.1 FORMA AFIRMATIVA (VERBO EN PARTICIPIO PRESENTE, AUXILIAR MARCA TIEMPO Y FORMA).

▶ La información entre paréntesis se usa para formar una contracción (convertir dos palabras en una) y se coloca inmediatamente después del sujeto: I'm.
▶ Escribe las contracciones restantes: _____ − _____ − _____ − _____ − _____ − _____

SUJETO	VERBO AUXILIAR	VERBO + ing	RESTO DEL ENUNCIADO
I (Yo)	am('m) estoy	speaking hablando	Spanish. español.
We (Nosotros)	are('re) estamos	working trabajando	in an office. en una oficina.
You (Tú/Ustedes)	are('re) están	playing jugando	soccer. fútbol.
They (Ellas/Ellos)	are('re) están	living viviendo	in New York. en Nueva York.
He (Él)	is('s) está	drinking bebiendo/tomando	coffee. café.
She* (Ella)	is('s) está	studying estudiando	literature. literatura.
It*	is('s) Está	raining lloviendo	in summer. en verano.

▶ ¿Observaste la "s" de tercera persona del singular?

---

* 3ª persona de singular.

▶ Contesta SI o NO.

	SI	NO
a) El verbo auxiliar tiene dos formas.	☐	☐
b) El verbo principal se usa en forma simple.	☐	☐
c) La forma sirve para expresar acciones habituales.	☐	☐
d) Puedes usar contracción.	☐	☐
e) Se agrega una terminación al verbo.	☐	☐
f) "ing" equivale a "ando" o "iendo".	☐	☐
g) Puedes intercambiar la información de casi todos los enunciados.	☐	☐

Tiempo de aplicar:

▶ Completa la primera columna.

SUJETO	VERBO AUXILIAR	VERBO + ing	RESTO DEL ENUNCIADO
	am('m)	having	breakfast.
	are('re)	listening	to the radio.
	are('re)	speaking	on the pone.
	are('re)	watching	a movie.
	is('s)	going	to the bank.
	is('s)	studying	at the university.
	is('s)	snowing	today.

▶ Verifica la comprensión de los enunciados.
▶ Usa tu diccionario si es necesario.

▶ Lee la información para que completes lógicamente.

SUJETO	VERBO AUXILIAR	VERBO + ing	RESTO DEL ENUNCIADO
I		sitting	on a sofa.
We		walking	to work.
You		working	with an ebook.
They		living	in a suburb.
He*		learning	to swim.
She*		jogging	an hour a day.
It*		barking	at the cat.

▶ Verifica la comprensión de los enunciados.
▶ Usa tu diccionario si es necesario.

▶ Lee la información para que completes lógicamente.
▶ Usa tu diccionario si es necesario.

SUJETO	VERBO AUXILIAR	VERBO + ing	RESTO DEL ENUNCIADO
I	am('m)		a hamburger.
We	are('re)		by bus.
You	are('re)		English.
They	are('re)		in Italy.
He*	is('s)		in a bank.
She*	is('s)		her grandmother.
It*	is('s)		after the cat.

▶ Consulta los ejemplos al final del libro.

▶ Lee la información para que completes lógicamente.
▶ Usa tu diccionario si es necesario.

SUJETO	VERBO AUXILIAR	VERBO + ing	RESTO DEL ENUNCIADO
I	am('m)	playing	
We	are('re)	cooking	
You	are('re)	studying	
They	are('re)	traveling	
He*	is('s)	making	
She*	is('s)	watching	
It*	is('s)	sleeping	

▶ Consulta los ejemplos al final del libro.
▶ Verifica la comprensión de los enunciados.

6.2 FORMA NEGATIVA (VERBO EN PARTICIPIO PRESENTE, AUXILIAR MARCA TIEMPO Y FORMA).

▶ ¿Cuál es la diferencia con el cuadro afirmativo?

SUJETO	VERBO AUXILIAR NEGATIVO	VERBO + ing	RESTO DEL ENUNCIADO
I (Yo)	am not ('m not) no estoy	speaking hablando	Spanish. español.
We (Nosotros)	are not (aren't) no estamos	working trabajando	in an office. en una oficina.
You (Tú/Ustedes)	are not (aren't) no están	playing jugando	soccer. futbol.
They (Ellas/Ellos)	are not (aren't) no están	living viviendo	in New York. en Nueva York.
He* (Él)	is not (isn't) no está	drinking bebiendo/tomando	coffee. café.
She* (Ella)	is not (isn't) no está	studying estudiando	literature. literatura.
It*	is not (isn't) No está	raining lloviendo	in summer. en verano.

▶ Contesta SI o NO.   SI   NO
   a) El verbo auxiliar tiene una forma.   ☐   ☐
   b) El verbo principal se usa en forma simple. ☐   ☐
   c) Puedes usar contracción.   ☐   ☐
   d) Se agrega una negación al verbo.   ☐   ☐
   e) Puedes intercambiar la información de casi
      todos los enunciados.   ☐   ☐

Tiempo de aplicar:

▶ Completa la columna faltante.
▶ Si es necesario consulta tu diccionario.

SUJETO	VERBO AUXILIAR NEGATIVO	VERBO + ing	RESTO DEL ENUNCIADO
	am not ('m not)	going	to the theater.
	are not (aren't)	feeling	well.
	are not (aren't)	drinking	decaf.
	are not (aren't)	wearing	new jeans.
	is not (isn't)	staying	in a hotel.
	is not (isn't)	working	in the mornings.
	is not (isn't)	running	after the ball.

▶ Completa la columna faltante.
▶ Si es necesario consulta tu diccionario.

SUJETO	VERBO AUXILIAR NEGATIVO	VERBO + ing	RESTO DEL ENUNCIADO
I		doing	homework.
We		working	on a project.
You		coming	to the party.
They		speaking	Japanese.
He*		exercising	today.
She*		baking	a cake.
It*		playing	with the boys.

▶ Lee la información para que completes lógicamente.
▶ Usa tu diccionario si es necesario.

SUJETO	VERBO AUXILIAR NEGATIVO	VERBO + ing	RESTO DEL ENUNCIADO
I	am not ('m not)		salad.
We	are not (aren't)		raincoats.
You	are not (aren't)		sodas.
They	are not (aren't)		by train.
He*	is not (isn't)		a Tshirt.
She*	is not (isn't)		in a restaurant.
It*	is not (isn't)		in July.

▶ Compara con los ejemplos al final del libro.

▶ Lee la información para que completes lógicamente.

▶ Usa tu diccionario si es necesario.

SUJETO	VERBO AUXILIAR NEGATIVO	VERBO + ing	RESTO DEL ENUNCIADO
I	am not ('m not)	visiting	
We	are not (aren't)	buying	
You	are not (aren't)	eating	
They	are not (aren't)	using	
He*	is not (isn't)	dancing	
She*	is not (isn't)	coming	
It*	is not (isn't)	snowing	

▶ Compara con los ejemplos al final del libro.

6.3 FORMA INTERROGATIVA (VERBO EN PARTICIPIO PRESENTE, AUXILIAR MARCA TIEMPO Y FORMA).

▶ ¿Qué cambio observas en este cuadro?

VERBO AUXILIAR	SUJETO	VERBO + ing	RESTO DEL ENUNCIADO
Am	I	speaking	Spanish?
¿Estoy	(yo)	hablando	español?
Are	we	working	in an office?
¿Estamos	(nosotros)	trabajando	en una oficina?
Are	you	playing	soccer?
¿Estás/Están	(tú/ustedes)	jugando	fútbol?
Are	they	living	in New York?
¿Están	(ellas/ellos)	viviendo	en Nueva York?
Is*	he	drinking	coffee?
¿Está	(él)	bebiendo/tomando	café?
Is*	she	studying	literatura?
¿Está	(ella)	estudiando	literatura?
Is*	it	raining	in summer?
¿Está		lloviendo	en verano?

► Contesta SI o NO.   SI   NO
   a) El verbo auxiliar tiene tres formas.   ☐   ☐
   b) El verbo principal se usa en forma simple.   ☐   ☐
   c) Puedes usar contracción.   ☐   ☐
   d) El verbo auxiliar se coloca al principio.   ☐   ☐
   e) Puedes intercambiar la información de casi
      todos los enunciados.   ☐   ☐

INFORMACIÓN ÚTIL:

- Las preguntas que acabamos de ver intentan verificar una información para saber si es afirmativa o negativa.
- Se puede contestar con "Yes." o "No."
- Otras formas de contestar, que indican aceptación o negación, son las siguientes:

Are you . . . ?	Yes, I am.	No, I'm not.
Are you . . . ?	Yes, we are.	No, we aren't.
Am I . . . ?	Yes, you are.	No, you aren't.
Are we . . . ?	Yes, you are.	No, you aren't.
Are they . . . ?	Yes, they are.	No, they aren't.
Is she . . . ?	Yes, she is.	No, she isn't.
Is he . . . ?	Yes, he is.	No, he isn't.
Is it . . . ?	Yes, it is.	No, it isn't.

Tiempo de aplicar:

▶ Completa la columna faltante.
▶ Si es necesario consulta tu diccionario.

VERBO AUXILIAR	SUJETO	VERBO + ing	RESTO DEL ENUNCIADO
	I	talking	to Mr. Smith?
	we	taking	the right way?
	you	calling	the firemen?
	they	buying	a new car?
	he	studying	for the exam?
	she	finishing	her book?
	it	sleeping	now?

▶ Completa la columna.

VERBO AUXILIAR	SUJETO	VERBO + ing	RESTO DEL ENUNCIADO
Am		getting	a discount?
Are		leaving	at one o'clock?
Are		going	to Acapulco?
Are		coming	tomorrow?
Is*		standing	line?
Is*		playing	a videogame?
Is*		making	noise?

▶ Lee la información para que completes lógicamente.
▶ Usa tu diccionario si es necesario.

VERBO AUXILIAR	SUJETO	VERBO + ing	RESTO DEL ENUNCIADO
Am	I		to the park?
Are	we		in Canada?
Are	you		in English?
Are	they		an Ipad?
Is*	he		by plane?
Is*	she		a sandwich?
Is*	it		on batteries?

▶ Compara con los ejemplos al final del libro.

▶ Lee la información para que completes lógicamente.
▶ Usa tu diccionario si es necesario.

VERBO AUXILIAR	SUJETO	VERBO + ing	RESTO DEL ENUNCIADO
Am	I	talking	
Are	we	staying	
Are	you	renting	
Are	they	visiting	
Is*	he	living	
Is*	she	having	
Is*	it	working	

▶ ¿Pusiste signo de interrogación a cada pregunta?
▶ Compara con los ejemplos al final del libro.

EJERCICIO FINAL:

- El verbo auxiliar en presente progresivo tiene _____ forma(s).
- La forma que se usa con "I" es _____.
- La forma que se usa con "We", "You" y "They" es _____.
- La forma para "She", "He" e "It" es _____.
- Para pasar de la forma afirmativa a la negativa _____.
- Para hacer preguntas _____.

PREGUNTAS DE INFORMACIÓN

INFORMACIÓN ÚTIL:

▶ Se usan "palabras interrogativas que". inician con "WH" (why—who—what—where—when) o "H" (how—how well—how often—how old—how long)

▶ Estas palabras se colocan antes de la estructura interrogativa.

▶ Se usan para obtener información específica sobre algo en particular.

▶ Estas preguntas no se responden con un "sí" o "no".

PALABRA INTERROGATIVA	VERBO AUXILIAR	SUJETO	VERBO + ing	RESTO DEL ENUNCIADO
Who	am	I	talking	to?
¿Con quién	estoy	(yo)	hablando?	
How long	are	we	driving	to Chicago?
¿Cuánto tiempo	estamos	(nosotros)	manejando	hasta Chicago?
Why	are	you	calling	the firemen?
¿Por qué	estás/está/mos	(tú/usted/es)	llamando	a los bomberos?
Where	are	they	buying	a new car?
¿Dónde	están	(ellas/ellos)	comprando	un auto nuevo?
What	is	he	studying	for the exam?
¿Qué	está	(él)	estudiando	para el examen?
When	is	she	finishing	her book?
¿Cuándo	está	(ella)	terminando	su libro?
How	is	it	working	now?
¿Cómo	está	(ello)	trabajando	ahora?

WHAT ABOUT YOU?

1. Why are you studying English?

2. What are you doing next Saturday?

3. When are you going to a sushi place?

4. Where are you working out?

5. Who is helping you in English?

6. How often are you having Italian?

7. How well are you doing at work?

8. How long are you using your cell daily?

9. How are you getting along with your friends?

10. How are you using your free time?

11. Is your friend studying English too?

12. Is s/he working part time?

13. Is s/he working out with you?

14. Are your parents learning to dance?

15. Are they working on weekends?

16. Are they traveling frequently?

17. Are they moving to another city?

18. Are you doing fine at work?

19. Are you getting better as a person?

20. Are you drinking coffee?

▶ Verifica la comprensión del cuestionario.
▶ Usa el diccionario si lo crees conveniente.
▶ Anota tus respuestas en tu cuaderno.

7. PRESENTE PERFECTO (HAVE-HAS)

INFORMACIÓN ÚTIL:

▶ Expresa una acción que inició en el pasado y continúa en el presente.

7.1 FORMA AFIRMATIVA (VERBO EN PARTICIPIO PASADO, AUXILIAR MARCA TIEMPO Y FORMA)

▶ La información entre paréntesis se usa para formar una contracción (convertir dos palabras en una) y se coloca inmediatamente después del sujeto: I've.

▶ Escribe las contracciones restantes: _____ – _____ – _____ – _____ – _____ – _____

SUJETO	VERBO AUXILIAR	VERBO PARTICIPIO PASADO	RESTO DEL ENUNCIADO
I (Yo)	have ('ve) he	spoken hablado	Spanish. español.
We (Nosotros)	have ('ve) hemos	worked trabajado	in an office. en una oficina.
You (Tú/Ustedes)	have ('ve) has/han	played jugado	soccer. fútbol.
They (Ellas/Ellos)	have ('ve) han	lived vivido	in New York. en Nueva York.
He (Él)	has ('s) ha	drunk tomado/bebido	coffee. café.
She* (Ella)	has ('s) ha	studied estudiado	literature. literatura.
It* (Ello)	has ('s) Ha	rained llovido	in summer. en verano.

▶ ¿Observaste la "s" de tercera persona del singular?

---

* 3ª persona de singular.

▶ Contesta SI o NO.

	SI	NO
a) El verbo auxiliar tiene dos formas.	☐	☐
b) El verbo principal se usa en forma simple.	☐	☐
c) La forma sirve para expresar acciones habituales.	☐	☐
d) Puedes usar contracción.	☐	☐
e) El participio pasado termina en "ado" "ido" (o "to"—"escri*to*", "so"—impre*so*", "cho"—he*cho*").	☐	☐
f) Hay verbos que agregan "ed" para formar el participio pasado.	☐	☐
g) Otros verbos tienen una forma propia para formar el participio pasado.	☐	☐

Tiempo de aplicar:

▶ Completa el cuadro.

SUJETO	VERBO AUXILIAR	VERBO PARTICIPIO PASADO	RESTO DEL ENUNCIADO
	have ('ve)	visited	France.
	have ('ve)	gone	to many concerts.
	have ('ve)	eaten	Chinese duck.
	have ('ve)	come	early all month.
	has ('s)	been	an hour on the phone.
	has ('s)	worked	in a bank for years.
	has ('s)	snowed	in winter.

▶ Verifica la comprensión de los enunciados.

► Ahora completa este cuadro.

SUJETO	VERBO AUXILIAR	VERBO PARTICIPIO PASADO	RESTO DEL ENUNCIADO
I		been	a doctor for a year.
We		seen	the movie three times.
You		bought	the Times all your life.
They		run	two marathons.
He*		played	the violin profesionally.
She*		danced	in a ballet company.
It*		participated	in a dog competition.

► Verifica la comprensión de los enunciados.
► Usa tu diccionario si es necesario.

► Lee la información para que completes lógicamente.
► Usa tu diccionario si es necesario.

SUJETO	VERBO AUXILIAR	VERBO PARTICIPIO PASADO	RESTO DEL ENUNCIADO
I	have ('ve)		milk all my life.
We	have ('ve)		the police.
You	have ('ve)		a new store.
They	have ('ve)		from New York.
He*	has ('s)		many novels.
She*	has ('s)		a new coat.
It*	has ('s)		hot in summer.

► Compara con los ejemplos al final del libro.

▶ Lee la información para que completes lógicamente.
▶ Usa tu diccionario si es necesario.

SUJETO	VERBO AUXILIAR	VERBO PARTICIPIO PASADO	RESTO DEL ENUNCIADO
I	have ('ve)	made	
We	have ('ve)	asked	
You	have ('ve)	visited	
They	have ('ve)	read	
He*	has ('s)	written	
She*	has ('s)	cooked	
It*	has ('s)	worked	

▶ Compara con los ejemplos al final del libro.

▶ Contesta SI o NO.   SI   NO
   a) El verbo auxiliar se puede contraer.   ☐   ☐
   b) El verbo principal se usa en forma simple.   ☐   ☐
   c) La forma sirve para expresar acciones que
      no han terminado.   ☐   ☐
   d) Los verbos irregulares no agregan la
      terminación "ed".   ☐   ☐
   e) El participio pasado termina en "ado" "ido"
      (o "to"—"escri_to_", "so"—impre_so_", "cho"—
      he_cho_".   ☐   ☐

7.2 FORMA NEGATIVA (VERBO EN PARTICIPIO PASADO, AUXILIAR MARCA TIEMPO Y FORMA).

▶ ¿Cuál es la diferencia con la forma afirmativa?

SUJETO	VERBO AUXILIAR NEGATIVO	VERBO PARTICIPIO PASADO	RESTO DEL ENUNCIADO
I (Yo)	have not (haven't) no he	spoken hablado	Spanish. español.
We (Nosotros)	have not (haven't) no hemos	worked trabajado	in an office. en una oficina.
You (Tú/Ustedes)	have not (haven't) no has/han	played jugado	soccer. futbol.
They (Ellas/Ellos)	have not (haven't) no han	lived vivido	in New York. en Nueva York.
He* (Él)	has not (hasn't) no ha	drunk tomado/bebido	coffee. café.
She* (Ella)	has not (hasn't) no ha	studied estudiado	literature. literatura.
It*	has not (hasn't) No ha	rained llovido	in summer. en verano.

▶ Verifica la comprensión de los enunciados.

▶ Contesta SI o NO.   SI   NO
   a) El verbo auxiliar agrega la negación.   ☐   ☐
   b) El verbo principal se usa en participio pasado. ☐   ☐
   c) La forma sirve para expresar acciones que
      no han concluido.   ☐   ☐
   d) El verbo principal se contrae.   ☐   ☐
   e) El participio pasado termina en "ado" "ido"
      (o "to"—"escrito", "so"—impreso", "cho"—
      hecho".   ☐   ☐
   f) Hay verbos que agregan "ed" para formar
      el participio pasado.   ☐   ☐
   g) Otros verbos tienen una forma propia
      para formar el participio pasado.   ☐   ☐

Tiempo de aplicar:

▶ Completa el siguiente cuadro.

SUJETO	VERBO AUXILIAR NEGATIVO	VERBO PARTICIPIO PASADO	RESTO DEL ENUNCIADO
	have not (haven't)	eaten	Japanese food.
	have not (haven't)	visited	New Orleans.
	have not (haven't)	worked	in a gas station.
	have not (haven't)	studied	Mandarin.
	has not (hasn't)	made	a mistake.
	has not (hasn't)	done	her work.
	has not (hasn't)	functioned	well.

▶ Verifica la comprensión de los enunciados.

▶ Completa el siguiente cuadro.
▶ Si lo consideras necesario usa el diccionario.

SUJETO	VERBO AUXILIAR NEGATIVO	VERBO PARTICIPIO PASADO	RESTO DEL ENUNCIADO
I		baked	a pie.
We		gone	to the North Pole.
You		had	the flu.
They		called	the police.
He*		played	the chello.
She*		been	an acrobat.
It*		appeared	on facebook.

▶ Verifica la comprensión de los enunciados.

▶ Lee la información para que completes lógicamente.
▶ Usa tu diccionario si es necesario.

SUJETO	VERBO AUXILIAR NEGATIVO	VERBO PARTICIPIO PASADO	RESTO DEL ENUNCIADO
I	have not (haven't)		pepperoni pizza.
We	have not (haven't)		to Puerto Rico.
You	have not (haven't)		the book.
They	have not (haven't)		to my home.
He*	has not (hasn't)		a steak.
She*	has not (hasn't)		a pone call.
It*	has not (hasn't)		TV all week.

▶ Verifica la comprensión de los enunciados.
▶ Compara con los ejemplos al final del libro.

▶ Lee la información para que completes lógicamente.
▶ Usa tu diccionario si es necesario.

SUJETO	VERBO AUXILIAR NEGATIVO	VERBO PARTICIPIO PASADO	RESTO DEL ENUNCIADO
I	have not (haven't)	read	
We	have not (haven't)	traveled	
You	have not (haven't)	answered	
They	have not (haven't)	listened	
He*	has not (hasn't)	swum	
She*	has not (hasn't)	gone	
It*	has not (hasn't)	been	

▶ Verifica la comprensión de los enunciados.
▶ Compara con los ejemplos al final del libro.

7.3 FORMA INTERROGATIVA (VERBO EN PARTICIPIO PASADO, AUXILIAR MARCA TIEMPO Y FORMA).

VERBO AUXILIAR	SUJETO	VERBO PARTICIPIO PASADO	RESTO DEL ENUNCIADO
Have ¿He	I (yo)	spoken hablado	Spanish? español?
Have ¿Hemos	we (nosotros)	worked trabajado	in an office? en una oficina?
Have ¿Has/Han	you (tú/ustedes)	played jugado	soccer? fútbol?
Have ¿Han	they (ellas/ellos)	lived vivido	in New York? en Nueva York?
Has ¿Ha	he* (él)	drunk tomado/bebido	coffee? café?
Has ¿Ha	she* (ella)	studied estidiado	literature? literatura?
Has ¿Ha	it* (it)	rained llovido	in summer? en verano?

INFORMACIÓN ÚTIL:

- Las preguntas que acabamos de ver intentan verificar una información para saber si es afirmativa o negativa.
- Se puede contestar con "Yes." o "No."
- Otras formas de contestar, que indican aceptación o negación, son las siguientes:
  - Have you . . . ?   Yes, I have.   No, I haven't.
  - Have you . . . ?   Yes, we have.   No, we haven't.
  - Have I . . . ?   Yes, you have.   No, you haven't.
  - Have we . . . ?   Yes, you have.   No, you haven't.
  - Have they . . . ?   Yes, they have.   No, they haven't.
  - Has she . . . ?   Yes, she has.   No, she hasn't.
  - Has he . . . ?   Yes, he has.   No, he hasn't.
  - Has it . . . ?   Yes, it has.   No, it hasn't.

► Contesta SI o NO.   SI   NO

a) El verbo auxiliar se coloca antes del sujeto. ☐ ☐

b) El verbo principal se usa en participio
pasado.   ☐ ☐

c) La forma sirve para expresar acciones han
concluido.   ☐ ☐

d) El verbo principal se contrae.   ☐ ☐

e) El participio pasado termina en "ado" "ido"
(o "to"— "escri*to*", "so"—impre*so*", "cho"—
"he*cho*").   ☐ ☐

f) Hay verbos que agregan "ed" para formar
el participio pasado.   ☐ ☐

g) Otros verbos tienen una forma propia para
formar el participio pasado.   ☐ ☐

Tiempo de aplicar:

► Completa la primera columna.

VERBO AUXILIAR	SUJETO	VERBO PARTICIPIO PASADO	RESTO DEL ENUNCIADO
	I	offered	a contribution?
	we	done	something wrong?
	you	bought	a pet?
	they	traveled	to Niagara?
	he*	gone	to the moon?
	she*	worked	in a school?
	it*	been	on sale?

► Verifica la comprensión de los enunciados.

▶ Ahora completa la segunda columna.

VERBO AUXILIAR	SUJETO	VERBO PARTICIPIO PASADO	RESTO DEL ENUNCIADO
Have		caused	the problem?
Have		spoken	to Mary?
Have		seen	the doctor?
Have		used	my laptop?
Has		told	the story?
Has		baked	the apple pie?
Has		arrived	on time?

▶ Verifica la comprensión de los enunciados.

▶ Lee la información para que completes lógicamente.
▶ Usa tu diccionario si es necesario.

VERBO AUXILIAR	SUJETO	VERBO PARTICIPIO PASADO	RESTO DEL ENUNCIADO
Have	I		for the day?
Have	we		the cell call?
Have	you		the people?
Have	they		the car?
Has	he*		the ad on the paper?
Has	she*		the National Anthem?
Has	it*		to the vet?

▶ Verifica la comprensión de los enunciados.
▶ Compara con los ejemplos al final del libro.

▶ Lee la información para que completes lógicamente.
▶ Usa tu diccionario si es necesario.

VERBO AUXILIAR	SUJETO	VERBO PARTICIPIO PASADO	RESTO DEL ENUNCIADO
Have	I	opened	
Have	we	seen	
Have	you	gone	
Have	they	read	
Has	he*	learned	
Has	she*	visited	
Has	it*	come	

▶ Verifica la comprensión de los enunciados.
▶ Compara con los ejemplos al final del libro.

EJERCICIO FINAL:

- El verbo auxiliar en presente perfecto tiene _____ forma(s).
- La forma que se usa con "I" es _____.
- La forma que se usa con "We", "You" y "They" es _____.
- La forma para "She", "He" e "It" es _____.
- Para pasar de la forma afirmativa a la negativa _____.
- Para hacer preguntas _____.

PREGUNTAS DE INFORMACIÓN

INFORMACIÓN ÚTIL:

▶ Se usan palabras interrogativas que que inician con "WH" (why—who—what—where—when) o "H" (how—how well—how often—how old—how long).

▶ Estas palabras se colocan antes de la estructura interrogativa.

▶ Se usan para obtener información específica sobre algo en particular.

▶ Estas preguntas no se responden con un "sí" o "no".

PALABRA INTERROGATIVA	VERBO AUXILIAR	SUJETO	VERBO PARTICIPIO PASADO	RESTO DEL ENUNCIADO
How long	have	I	offered	help?
¿Cuánto tiempo	he	(yo)	ofrecido	ayuda?
When	have	we	done	something wrong?
¿Cuándo	hemos	(nosotros)	hecho	algo malo?
Why	have	you	bought	a pet?
¿Por qué	has/ha/n	(tú/usted/es)	comprado	una mascota?
How	have	they	traveled	to Alaska?
¿Cómo	han	(ellas/ellos)	viajado	a Alaska?
How often	has	he*	gone	to France?
¿Qué tan seguido	ha	(él)	ido	a Francia?
How well	has	she*	worked	in a bank?
¿Qué tan bien	ha	(ella)	trabajado.	en un banco?
Where	has	it*	been	on sale?
¿Dónde	ha	(ello)	estado	en oferta?

WHAT ABOUT YOU?

1. Has your mother gone to Alaska?

2. Has she been a school teacher?

3. Has she ever cooked Spanish food?

4. Has you Dad cooked Italian food?

5. Has he learned a foreign language?

6. Has he worked out with you?

7. Has your friend emailed you?

8. Has s/he shared emails with you?

9. Has s/he gone to school with you?

10. Has s/he invited you to parties?

11. Where have you studied English?

12. When have you used a dictionary?

13. What have you learned today?

14. Who have you seen today?

15. How often have your friends visited you?

16. How well have they done at work?

17. How long have they been your friends?

18. Why have they been your ciberpals?

19. How can you contact them?

20. Do they like you as you like them?

▶ Verifica la comprensión del cuestionario.
▶ Usa el diccionario si lo crees conveniente.
▶ Anota tus respuestas en tu cuaderno.

SAMPLE ANSWERS

p. 11
- ▶ 1ª persona, la que habla: I—we.
- ▶ 2ª persona, con quien se habla: you—you.
- ▶ 3ª persona, de quién se habla: he, she, it*, they.

p. 11-1.1
- ▶ Escribe las contracciones restantes: <u>We're—You're—They're—He's—She's—It's</u>

SUJETO	VERBO	RESTO DEL ENUNCIADO
I (Yo)	am ('m) soy	Latin American. latinoamericano.
We (Nosotros)	are ('re) estamos	at home. en casa.
You (Tú/Ustedes)	are ('re) eres/son	happy. feliz/felices.
They (Ellos/Ellas)	are ('re) son	young. jóvenes.
He* (Él)	is ('s) está	in the classroom. en el salón de clases.
She* (Ella)	is ('s) es	a pediatrician. una pediatra.
It*	is ('s) Es	a black dog. un perro negro.

p. 13

SUJETO	VERBO	RESTO DEL ENUNCIADO
I	am	a student.
We	are	soccer players.
You	are	a good friend.
They	are	at school.
He*	is	my grandfather.
She*	is	at the office.
It*	is	a small house.

▶ Verifica la comprensión de los enunciados.
▶ Usa tu diccionario si lo crees conveniente.
▶ Práctica adicional: En tu cuaderno, cambia este cuadro a las dos formas restantes.

SUJETO	VERBO	RESTO DEL ENUNCIADO
I	am	in my room.
We	are	family.
You	are	a music fan.
They	are	in the park.
He	is	in the hospital.
She	is	an engineer.
It	is	a beautiful flower.

▶ Verifica la comprensión de los enunciados.
▶ Usa tu diccionario si lo crees conveniente.
▶ Práctica adicional: En tu cuaderno, cambia este cuadro a las dos formas restantes.

p. 14

SUJETO	VERBO	RESTO DEL ENUNCIADO
I	am	*a man/woman.*
We	are	*in Canada.*
You	are	*soccer players.*
They	are	*Italian.*
He*	is	*in the car.*
She*	is	*at home.*
It*	is	*a nice day.*

▶ Verifica la comprensión de los enunciados.
▶ Usa tu diccionario si lo crees conveniente.
▶ Práctica adicional: En tu cuaderno, cambia este cuadro a las dos formas restantes.

p. 15-1.2

SUJETO	VERBO NEGATIVO	RESTO DEL ENUNCIADO
I (Yo)	*am not ('m not)* no soy	*Latin American.* latinoamericano.
We (Nosotros)	*are not (aren't)* no estamos	*at home.* en casa.
You (Tú/Ustedes)	*are not (aren't)* no eres/no son	*happy.* feliz/felices.
They (Ellos/Ellas)	*are not (aren't)* no son	*young.* jóvenes.
He * (Él)	*is not (isn't)* no está	*in the classroom.* en el salón de clases.
She * (Ella)	*is not (isn't)* no es	*a pediatrician.* una pediatra.
It *	*is not (isn't)* No es	*a black dog.* un perro negro.

p. 16

SUJETO	VERBO NEGATIVO	RESTO DEL ENUNCIADO
I	am not	a student.
We	aren't	soccer players.
You	aren't	a good friend.
They	are not	at school.
He*	isn't	my grandfather.
She*	is not	at the office.
It*	isn't	a small house.

- ▶ Verifica la comprensión de los enunciados.
- ▶ Usa tu diccionario si lo crees conveniente.
- ▶ Práctica adicional: En tu cuaderno, cambia este cuadro a las dos formas restantes.

SUJETO	VERBO NEGATIVO	RESTO DEL ENUNCIADO
I	am not	Canadian.
We	aren't	in the park.
You	aren't	football fans.
They	are not	astronauts.
He*	isn't	from Germany.
She*	is not	a pediatrician.
It*	isn't	a nice car.

- ▶ Verifica la comprensión de los enunciados.
- ▶ Usa tu diccionario si lo crees conveniente.
- ▶ Práctica adicional: En tu cuaderno, cambia este cuadro a las dos formas restantes.

p. 17

SUJETO	VERBO NEGATIVO	RESTO DEL ENUNCIADO
I	am not	*in my room.*
We	are'nt	*family.*
You	are not	*a music fan.*
They	aren't	*in the park.*
He	is **not**	*in the hospital.*
She	isn't	*an engineer.*
It	isn't	*a beautiful flower.*

▶ Verifica la comprensión de los enunciados.
▶ Usa tu diccionario si lo crees conveniente.
▶ Práctica adicional: En tu cuaderno, cambia este cuadro a las dos formas restantes.

p. 20

VERBO	SUJETO	RESTO DEL ENUNCIADO
Am	I	a student?
Are	we	soccer players?
Are	you	a good friend?
Are	they	at school?
Is	he	my grandfather?
Is	she	at the office?
Is	it	a small house?

▶ Verifica la comprensión de los enunciados.
▶ Usa tu diccionario si lo crees conveniente.
▶ Práctica adicional: En tu cuaderno, cambia este cuadro a las dos formas restantes.

p. 20

VERBO	SUJETO	RESTO DEL ENUNCIADO
Am	I	in my room?
Are	we	family?
Are	you	a music fan?
Are	they	in the park?
Is	he	in the hospital?
Is	she	an engineer?
Is	it	a beautiful flower?

▶ Verifica la comprensión de los enunciados.
▶ Usa tu diccionario si lo crees conveniente.
▶ Práctica adicional: En tu cuaderno, cambia este cuadro a las dos formas restantes.

p. 21

VERBO	SUJETO	RESTO DEL ENUNCIADO
Am	I	downtown?
Are	we	friends?
Are	you	far from home?
Are	they	at the supermarket?
Is	he*	a good mechanic?
Is	she*	on the plane?
Is	it*	a good cell one?

▶ Verifica la comprensión de los enunciados.
▶ Usa tu diccionario si lo crees conveniente.
▶ Práctica adicional: En tu cuaderno, cambia este cuadro a las dos formas restantes.

p. 22

EJERCICIO FINAL:

- El verbo *be* en presente simple tiene _tres_ formas.
- La forma que se usa con "I" es _am_.
- La forma que se usa con "We", "You" y "They" es _are_.
- La forma para "She", "He" e "It" es _is_.
- Para pasar de la forma afirmativa a la negativa _se agrega la negación al verbo_.
- Para hacer preguntas _se coloca el verbo antes que el sujeto_.

p. 29-2.1

SUJETO	VERBO AUXILIAR	VERBO	RESTO DEL ENUNCIADO
I	X	speak	*Italian and French.*
We	X	work	*in a bakery.*
You	X	play	*basketball.*
They	X	live	*in Spain.*
He*	X	drink**s**	*tea.*
She*	X	stud**ies**	*mathematics.*
It*	X	snow**s**	*in December.*

- ▶ Verifica la comprensión de los enunciados.
- ▶ Usa tu diccionario si lo crees conveniente.
- ▶ Práctica adicional: En tu cuaderno, cambia este cuadro a las dos formas restantes.

p. 29

SUJETO	VERBO AUXILIAR	VERBO	RESTO DEL ENUNCIADO
I	X	have	a dictionary.
We	X	go	to school.
You	X	read	emails.
They	X	jog	in the mornings.
He*	X	write<u>s</u>	poems.
She*	X	run<u>s</u>	marathons.
It*	X	look<u>s</u>	nice.

▶ Verifica la comprensión de los enunciados.
▶ Usa tu diccionario si lo crees conveniente.
▶ Práctica adicional: En tu cuaderno, cambia este cuadro a las dos formas restantes.

p. 30

SUJETO	VERBO AUXILIAR	VERBO	RESTO DEL ENUNCIADO
I	X	*read*	French.
We	X	*write*	emails.
You	X	*study*	biology.
They	X	*play*	volleyball.
He*	X	*lives*	in France.
She*	X	*works*	in a bank.
It*	X	*has*	a small doghouse.

• Verifica la comprensión de los enunciados.
• Usa tu diccionario si lo crees conveniente.
• Práctica adicional: En tu cuaderno, cambia este cuadro a las dos formas restantes.

p. 31-2.2

SUJETO	VERBO AUXILIAR NEGATIVO	VERBO	RESTO DEL ENUNCIADO
I	don't	have	a dictionary.
We	don't	go	to school.
You	don't	read	emails.
They	don't	jog	in the mornings.
He*	doesn't	write	poems.
She*	doesn't	run	marathons.
It*	doesn't	look	nice.

► Verifica la comprensión de los enunciados.
► Usa tu diccionario si lo crees conveniente.
► Práctica adicional: En tu cuaderno, cambia este cuadro a las dos formas restantes.

p. 32

SUJETO	VERBO AUXILIAR NEGATIVO	VERBO	RESTO DEL ENUNCIADO
I	do not (don't)	drink	tea.
We	do not (don't)	write	emails.
You	do not (don't)	study	biology.
They	do not (don't)	play	volleyball.
He*	does not (doesn't)	live	in France.
She*	does not (doesn't)	work	in a bank.
It*	does not (doesn't)	have	a small doghouse.

► Verifica la comprensión de los enunciados.
► Usa tu diccionario si lo crees conveniente.
► Práctica adicional: En tu cuaderno, cambia este cuadro a las dos formas restantes.

p. 32

SUJETO	VERBO AUXILIAR NEGATIVO	VERBO	RESTO DEL ENUNCIADO
I	do not (don't)	speak	Italian.
We	do not (don't)	work	in a school.
You	do not (don't)	play	tennis.
They	do not (don't)	live	in Paris.
He*	does not (doesn't)	eat	pizza.
She*	does not (doesn't)	drive	a car.
It*	does not (doesn't)	have	a garage.

- ▶ Verifica la comprensión de los enunciados.
- ▶ Usa tu diccionario si lo crees conveniente.
- ▶ Práctica adicional: En tu cuaderno, cambia este cuadro a las dos formas restantes.

p. 33

SUJETO	VERBO AUXILIAR NEGATIVO	VERBO	RESTO DEL ENUNCIADO
I	do not (don't)	speak	Russian/Greek.
We	do not (don't)	work	in the morning.
You	do not (don't)	play	on Saturday.
They	do not (don't)	live	in an apartment.
He*	does not (doesn't)	get	a good salary.
She*	does not (doesn't)	study	medicine.
It*	does not (doesn't)	rain	in April.

- ▶ Verifica la comprensión de los enunciados.
- ▶ Usa tu diccionario si lo crees conveniente.
- ▶ Práctica adicional: En tu cuaderno, cambia este cuadro a las dos formas restantes.

35-2.3

VERBO AUXILIAR	SUJETO	VERBO	RESTO DEL ENUNCIADO
Do	I	have	a dictionary?
Do	we	go	to school?
Do	you	read	emails?
Do	they	jog	in the mornings?
Does	he*	write	poems?
Does	she*	run	marathons?
Does	it*	look	nice?

▶ Verifica la comprensión de los enunciados.
▶ Usa tu diccionario si lo crees conveniente.
▶ Práctica adicional: En tu cuaderno, cambia este cuadro a las dos formas restantes.

VERBO AUXILIAR	SUJETO	VERBO	RESTO DEL ENUNCIADO
Do	I	speak	Italian?
Do	we	work	in a school?
Do	you	play	tennis?
Do	they	live	in Paris?
Does	he*	eat	pizza?
Does	she*	drive	a car?
Does	it*	have	a garage?

▶ Verifica la comprensión de los enunciados.
▶ Usa tu diccionario si lo crees conveniente.
▶ Práctica adicional: En tu cuaderno, cambia este cuadro a las dos formas restantes.

p. 36

VERBO AUXILIAR	SUJETO	VERBO	RESTO DEL ENUNCIADO
Do	I	jog	*in the morning?*
Do	we	read	*the newspapers?*
Do	you	eat	*French fries?*
Do	they	sing	*pop music?*
Do**es**	he*	live	*in a trailer park?*
Do**es**	she*	work	*in a coffee shop?*
Do**es**	it*	cost	*much money?*

► Verifica la comprensión de los enunciados.
► Usa tu diccionario si lo crees conveniente.
► Práctica adicional: En tu cuaderno, cambia este cuadro a las dos formas restantes.

VERBO AUXILIAR	SUJETO	VERBO	RESTO DEL ENUNCIADO
Do	I	*work*	in an office?
Do	we	*like/buy*	oranges?
Do	you	*study*	at home?
Do	they	*buy/read*	magazines?
Do**es**	he*	*travel/go*	by plane?
Do**es**	she*	*use/have*	a computer?
Do**es**	it*	*have*	a stereo?

► Verifica la comprensión de los enunciados.
► Usa tu diccionario si lo crees conveniente.
► Práctica adicional: En tu cuaderno, cambia este cuadro a las dos formas restantes.

p. 37

EJERCICIO FINAL:

- El verbo *auxiliar* en presente simple tiene _dos_ forma(s).
- La forma que se usa con "I" es _do_.
- La forma que se usa con "We", "You" y "They" es _do_.
- La forma para "She", "He" e "It" es _does_.
- Para pasar de la forma afirmativa a la negativa _se agrega el verbo auxiliar negativo_.
- Para hacer preguntas _se pone el verbo auxiliar antes del sujeto_.

p. 42-3.1

SUJETO	VERBO AUXILIAR	VERBO	RESTO DEL ENUNCIADO
I	can	jog	*on weekends.*
We	can	read	*in the library.*
You	can	eat	*at the market.*
They	can	sing	*folk songs.*
He	can	live	*in a camper.*
She	can	work	*at night.*
It	can	cost	*a little money.*

▶ Verifica la comprensión de los enunciados.
▶ Usa tu diccionario si lo crees conveniente.
▶ Práctica adicional: En tu cuaderno, cambia este cuadro a las dos formas restantes.

p. 42

SUJETO	VERBO AUXILIAR	VERBO	RESTO DEL ENUNCIADO
I	can	surf	the net.
We	can	swim	fast.
You	can	learn	Chinese.
They	can	dance	salsa.
He	can	use	a computer.
She	can	work	in a restaurant.
It	can	buy	a pair of jeans.

▶ Verifica la comprensión de los enunciados.
▶ Usa tu diccionario si lo crees conveniente.
▶ Práctica adicional: En tu cuaderno, cambia este cuadro a las dos formas restantes.

p. 43

SUJETO	VERBO AUXILIAR	VERBO	RESTO DEL ENUNCIADO
I	can	cook	spaghetti.
We	can	dance	rock.
You	can	read	in French.
They	can	wash	my jeans.
He	can	write	a novel.
She	can	go	home by bus.
It	can	work	on batteries.

▶ Verifica la comprensión de los enunciados.
▶ Práctica adicional: En tu cuaderno, cambia este cuadro a las dos formas restantes.

p. 43

SUJETO	VERBO AUXILIAR	VERBO	RESTO DEL ENUNCIADO
I	can	*use/buy*	a cell one.
We	can	*read/speak*	in French.
You	can	*play*	the guitar.
They	can	*prepare*	pasta.
He	can	*go*	home by bus.
She	can	*close/open*	the window.
It	can	*close/open*	the door.

▶ Verifica la comprensión de los enunciados.
▶ Usa tu diccionario si lo crees conveniente.
▶ Práctica adicional: En tu cuaderno, cambia este cuadro a las dos formas restantes.

p. 44-3.2
▶ Señaliza la diferencia.

SUJETO	VERBO AUXILIAR NEGATIVO	VERBO	RESTO DEL ENUNCIADO
I (Yo)	can not (can't) no puedo	*speak* hablar	*Spanish.* español.
We (Nosotros)	can not (can't) no podemos	*work* trabajar	*in an office.* en una oficina.
You (Tú/Ustedes)	can not (can't) no puedes/no pueden	*play* jugar	*soccer.* fútbol.
They (Ellas/Ellos)	can not (can't) no pueden	*live* vivir	*in New York.* en Nueva York.
He (Él)	can not (can't) no puede	*drink* tomar/beber	*coffee.* café.
She (Ella)	can not (can't) no puede	*study* estudiar	*literature.* literatura.
It	can not (can't) No puede	*rain* llover	*in summer.* en verano.

p. 45

SUJETO	VERBO AUXILIAR NEGATIVO	VERBO	RESTO DEL ENUNCIADO
I	can't	jog	at school.
We	can't	read	in Chinese.
You	can't	eat	a sandwich.
They	can't	sing	a Christmas song.
He	can't	live	in an apartment.
She	can't	work	in a supermarket.
It	can´t	cost	ten dollars.

▶ Verifica la comprensión de los enunciados.
▶ Usa tu diccionario si lo crees conveniente.
▶ Práctica adicional: En tu cuaderno, cambia este cuadro a las dos formas restantes.

SUJETO	VERBO AUXILIAR NEGATIVO	VERBO	RESTO DEL ENUNCIADO
I	can't	buy	a cell phone.
We	can't	read	in French.
You	can't	play	the guitar.
They	can't	cook	pasta.
He	can't	go	home by bus.
She	can't	open	the window.
It	can't	close	the door.

▶ Verifica la comprensión de los enunciados.
▶ Usa tu diccionario si lo crees conveniente.
▶ Práctica adicional: En tu cuaderno, cambia este cuadro a las dos formas restantes.

p. 46

SUJETO	VERBO AUXILIAR NEGATIVO	VERBO	RESTO DEL ENUNCIADO
I	can't	visit	*my sister.*
We	can't	watch	*the game on TV.*
You	can't	buy	*a ticket now.*
They	can't	prepare	*a salad.*
He	can't	cancel	*the show.*
She	can't	catch	*the train.*
It	can't	wear	*a sweater.*

▶ Verifica la comprensión de los enunciados.
▶ Usa tu diccionario si lo crees conveniente.
▶ Práctica adicional: En tu cuaderno, cambia este cuadro a las dos formas restantes.

SUJETO	VERBO AUXILIAR NEGATIVO	VERBO	RESTO DEL ENUNCIADO
I	can't	*watch*	a movie on TV.
We	can't	*play*	handball.
You	can't	*send/write*	an email.
They	can't	*read/speak*	English.
He	can't	*travel*	by plane.
She	can't	*buy/rent*	a new car.
It	can't	*work*	on solar energy.

▶ Verifica la comprensión de los enunciados.
▶ Usa tu diccionario si lo crees conveniente.
▶ Práctica adicional: En tu cuaderno, cambia este cuadro a las dos formas restantes.

p. 47-3.3
▶ Señaliza la diferencia.

VERBO AUXILIAR	SUJETO	VERBO	RESTO DEL ENUNCIADO
Can ¿Puedo	I (yo)	speak hablar	Spanish? español?
Can ¿Podemos	we (nosotros)	work trabajar	in an office? en una oficina?
Can ¿Puedes/Pueden	you (tú/ustedes)	play jugar	soccer? fútbol?
Can ¿Pueden	they (ellas/ellos)	live vivir	in New York? en Nueva York?
Can ¿Puede	he (él)	drink tomar/beber	coffee? café?
Can ¿Puede	she (ella)	study estudiar	literature? literatura?
Can ¿Puede	it	rain llover	in summer? en verano?

p. 49

VERBO AUXILIAR	SUJETO	VERBO	RESTO DEL ENUNCIADO
Can	I	buy	a hot dog?
Can	we	read	an ebook?
Can	you	play	billiards?
Can	they	cook	paella?
Can	he	go	by bus?
Can	she	open	a bank account?
Can	it	close	manually?

▶ Verifica la comprensión de los enunciados.
▶ Usa tu diccionario si lo crees conveniente.
▶ Práctica adicional: En tu cuaderno, cambia este cuadro a las dos formas restantes.

p. 49

VERBO AUXILIAR	SUJETO	VERBO	RESTO DEL ENUNCIADO
Can	I	*drive/take*	a taxi?
Can	we	*go*	to the market?
Can	you	*have*	a gas station?
Can	they	*play*	golf?
Can	he	*walk*	in the garden?
Can	she	*dance*	rumba?
Can	it	*take/write*	a message?

▶ Verifica la comprensión de los enunciados.
▶ Usa tu diccionario si lo crees conveniente.
▶ Práctica adicional: En tu cuaderno, cambia este cuadro a las dos formas restantes.

p. 50

VERBO AUXILIAR	SUJETO	VERBO	RESTO DEL ENUNCIADO
Can	*I*	travel	to Italy?
Can	*we*	speak	Portuguese?
Can	*you*	walk	to work?
Can	*they*	be	good friends?
Can	*he*	work	with a computer?
Can	*she*	learn	Chinese?
Can	*it*	snow	in July?

▶ Verifica la comprensión de los enunciados.
▶ Usa tu diccionario si lo crees conveniente.
▶ Práctica adicional: En tu cuaderno, cambia este cuadro a las dos formas restantes.

p. 50

EJERCICIO FINAL:

- El verbo *can* en presente simple tiene <u>una</u> forma(s).
- La forma que se usa con "I" es <u>can</u>.
- La forma que se usa con "We", "You" y "They" es <u>can</u>.
- La forma para "She", "He" e "It" es <u>can</u>.
- Para pasar de la forma afirmativa a la negativa <u>se agrega la negación al verbo auxiliar</u>.
- Para hacer preguntas <u>se coloca el auxiliar antes del sujeto</u>.

p. 53-4.1
- ▶ Escribe las contracciones restantes: <u>We'd—You'd— They'd—He'd—She'd—It'd</u>

p. 54-4.1

SUJETO	VERBO AUXILIAR	VERBO	RESTO DEL ENUNCIADO
I	should ('d)	be	punctual.
We	should ('d)	take	some vitamins.
You	should ('d)	read	more books.
They	should ('d)	close	the door.
He	should ('d)	get	a new pair of jeans.
She	should ('d)	travel	by plane.
It	should ('d)	go	to the vet.

- ▶ Verifica la comprensión de los enunciados.
- ▶ Usa tu diccionario si lo crees conveniente.
- ▶ Práctica adicional: En tu cuaderno, cambia este cuadro a las dos formas restantes.

p. 55

SUJETO	VERBO AUXILIAR	VERBO	RESTO DEL ENUNCIADO
I	should ('d)	visit	grandmother.
We	should ('d)	go	to the concert.
You	should ('d)	study	more.
They	should ('d)	learn	to swim.
He	should ('d)	write	an email.
She	should ('d)	buy	a car.
It	should ('d)	function	well.

► Verifica la comprensión de los enunciados.
► Usa tu diccionario si lo crees conveniente.
► Práctica adicional: En tu cuaderno, cambia este cuadro a las dos formas restantes.

SUJETO	VERBO AUXILIAR	VERBO	RESTO DEL ENUNCIADO
I	should ('d)	learn	to swim/cook.
We	should ('d)	eat	fruit/vegetables.
You	should ('d)	go	to the hospital.
They	should ('d)	open	the books.
He	should ('d)	sleep	eight hours a day.
She	should ('d)	read	more science books.
It	should ('d)	run	on gasoline.

► Verifica la comprensión de los enunciados.
► Usa tu diccionario si lo crees conveniente.
► Práctica adicional: En tu cuaderno, cambia este cuadro a las dos formas restantes.

p. 56

SUJETO	VERBO AUXILIAR	VERBO	RESTO DEL ENUNCIADO
I	should ('d)	*learn/speak*	Portuguese.
We	should ('d)	*have/cook*	spaghetti.
You	should ('d)	*go*	by metro.
They	should ('d)	*run/watch*	the marathon.
He	should ('d)	*sing/play*	a song.
She	should ('d)	*study*	mathematics.
It	should ('d)	*be*	expensive.

▶ Verifica la comprensión de los enunciados.
▶ Usa tu diccionario si lo crees conveniente.
▶ Práctica adicional: En tu cuaderno, cambia este cuadro a las dos formas restantes.

p. 57-4.2

SUJETO	VERBO AUXILIAR NEGATIVO	VERBO	RESTO DEL ENUNCIADO
I	should not (shouldn't)	smoke	cigarettes.
We	should not (shouldn't)	drive	a motorcycle.
You	should not (shouldn't)	play	hockey.
They	should not (shouldn't)	eat	junk food.
He	should not (shouldn't)	exercise	so hard.
She	should not (shouldn't)	sleep	late.
It	should not (shouldn't)	make	noise.

▶ Verifica la comprensión de los enunciados.
▶ Usa tu diccionario si lo crees conveniente.
▶ Práctica adicional: En tu cuaderno, cambia este cuadro a las dos formas restantes.

p. 58

SUJETO	VERBO AUXILIAR NEGATIVO	VERBO	RESTO DEL ENUNCIADO
I	should not (shouldn't)	wear	bermudas.
We	should not (shouldn't)	go	without a ticket.
You	should not (shouldn't)	write	with pencil.
They	should not (shouldn't)	miss	that movie.
He	should not (shouldn't)	drink	soda.
She	should not (shouldn't)	buy	a party dress.
It	should not (shouldn't)	eat	chocolate.

▶ Verifica la comprensión de los enunciados.
▶ Usa tu diccionario si lo crees conveniente.
▶ Práctica adicional: En tu cuaderno, cambia este cuadro a las dos formas restantes.

SUJETO	VERBO AUXILIAR NEGATIVO	VERBO	RESTO DEL ENUNCIADO
I	should not (shouldn't)	go	by taxi.
We	should not (shouldn't)	wear/buy	casual clothing.
You	should not (shouldn't)	buy/smoke	cigarettes.
They	should not (shouldn't)	work	at night.
He	should not (shouldn't)	have/buy	a cat.
She	should not (shouldn't)	smoke/work	at home.
It	should not (shouldn't)	be	difficult.

▶ Verifica la comprensión de los enunciados.
▶ Usa tu diccionario si lo crees conveniente.
▶ Práctica adicional: En tu cuaderno, cambia este cuadro a las dos formas restantes.

p. 59

SUJETO	VERBO AUXILIAR NEGATIVO	VERBO	RESTO DEL ENUNCIADO
I	should not (shouldn't)	eat	*junk food.*
We	should not (shouldn't)	go	*by plane/boat.*
You	should not (shouldn't)	buy	*a cat/dog/pet.*
They	should not (shouldn't)	exercise	*in warm weather.*
He	should not (shouldn't)	drink	*soda.*
She	should not (shouldn't)	wear	*casual clothes.*
It	should not (shouldn't)	snow	*in May.*

▶ Verifica la comprensión de los enunciados.
▶ Usa tu diccionario si lo crees conveniente.
▶ Práctica adicional: En tu cuaderno, cambia este cuadro a las dos formas restantes.

p. 61-4.3

VERBO AUXILIAR	SUJETO	VERBO	RESTO DEL ENUNCIADO
Should	I	jog	in the morning?
Should	we	have	some food?
Should	you	play	a videogame?
Should	they	live	in New York?
Should	he	stay	in bed?
Should	she	take	the bus?
Should	it	snow	in July?

▶ Verifica la comprensión de los enunciados.
▶ Usa tu diccionario si lo crees conveniente.
▶ Práctica adicional: En tu cuaderno, cambia este cuadro a las dos formas restantes.

p. 61

VERBO AUXILIAR	SUJETO	VERBO	RESTO DEL ENUNCIADO
Should	I	wear	a tie?
Should	we	walk	home?
Should	you	buy	a cell phone?
Should	they	learn	a foreign language?
Should	he	drink	milk?
Should	she	watch	TV?
Should	it	be	on time?

► Verifica la comprensión de los enunciados.
► Usa tu diccionario si lo crees conveniente.
► Práctica adicional: En tu cuaderno, cambia este cuadro a las dos formas restantes.

p. 62

VERBO AUXILIAR	SUJETO	VERBO	RESTO DEL ENUNCIADO
Should	I	have/buy	an ice-cream?
Should	we	go	to the stadium?
Should	you	learn/speak	French?
Should	they	eat/buy	fruit?
Should	he	write/send	an email?
Should	she	buy/wear	a new dress?
Should	it	rain	in winter?

► Verifica la comprensión de los enunciados.
► Usa tu diccionario si lo crees conveniente.
► Práctica adicional: En tu cuaderno, cambia este cuadro a las dos formas restantes.

VERBO AUXILIAR	SUJETO	VERBO	RESTO DEL ENUNCIADO
Should	I	speak	*Italian?*
Should	we	work	*at home/night?*
Should	you	play	*chess/ball?*
Should	they	live	*on a farm?*
Should	he	drink	*tea/coffee?*
Should	she	study	*at school/home?*
Should	it	rain	*in the afternoon?*

- ▶ Verifica la comprensión de los enunciados.
- ▶ Usa tu diccionario si lo crees conveniente.
- ▶ Práctica adicional: En tu cuaderno, cambia este cuadro a las dos formas restantes.

p. 63

EJERCICIO FINAL:

- El verbo *should* en presente simple tiene <u>una</u> forma(s).
- La forma que se usa con "I" es <u>should</u>.
- La forma que se usa con "We", "You" y "They" es <u>should</u>.
- La forma para "She", "He" e "It" es <u>should</u>.
- Para pasar de la forma afirmativa a la negativa <u>agregamos la negación</u>.
- Para hacer preguntas <u>intercambiamos auxiliar y sujeto</u>.

p. 67-5.1

SUJETO	VERBO AUXILIAR	VERBO	RESTO DEL ENUNCIADO
I	must	understand	English.
We	must	practice	everyday.
You	must	surf	the net.
They	must	see	the doctor.
He	must	check	his mail.
She	must	lose	some weight.
It	must	have	four cylinders.

▶ Verifica la comprensión de los enunciados.
▶ Usa tu diccionario si lo crees conveniente.
▶ Práctica adicional: En tu cuaderno, cambia este cuadro a las dos formas restantes.

p. 68

SUJETO	VERBO AUXILIAR	VERBO	RESTO DEL ENUNCIADO
I	*must*	be	punctual.
We	*must*	work	at home.
You	*must*	drive	to work.
They	*must*	live	in an apartment.
He	*must*	have	a cell pone.
She	*must*	exercise	once a day.
It	*must*	work	on solar energy.

▶ Verifica la comprensión de los enunciados.
▶ Usa tu diccionario si lo crees conveniente.
▶ Práctica adicional: En tu cuaderno, cambia este cuadro a las dos formas restantes.

SUJETO	VERBO AUXILIAR	VERBO	RESTO DEL ENUNCIADO
I	must	*learn/speak*	Italian.
We	must	*be/work*	in a supermarket.
You	must	*like/play*	volleyball.
They	must	*stay/live*	in a mobile home.
He	must	*be*	on a diet.
She	must	*take*	an aspirin a day.
It	must	*be*	hot in summer.

▶ Verifica la comprensión de los enunciados.
▶ Usa tu diccionario si lo crees conveniente.
▶ Práctica adicional: En tu cuaderno, cambia este cuadro a las dos formas restantes.

p. 69

SUJETO	VERBO AUXILIAR	VERBO	RESTO DEL ENUNCIADO
I	must	travel	*to Japan/Asia.*
We	must	read	*the book/article.*
You	must	buy	*fruit/vegetables.*
They	must	answer	*the phone/email.*
He	must	go	*to school/work.*
She	must	learn	*chemistry.*
It	must	be	*a good car.*

- ▶ Verifica la comprensión de los enunciados.
- ▶ Usa tu diccionario si lo crees conveniente.
- ▶ Práctica adicional: En tu cuaderno, cambia este cuadro a las dos formas restantes.

p. 70-5.2

SUJETO	VERBO AUXILIAR NEGATIVO	VERBO	RESTO DEL ENUNCIADO
I	must not (mustn't)	get up	late.
We	must not (mustn't)	swim	in the sea.
You	must not (mustn't)	cross	the street here.
They	must not (mustn't)	go	to Alaska.
He	must not (mustn't)	sell	your car.
She	must not (mustn't)	walk	to work.
It	must not (mustn't)	eat	chocolate.

- ▶ Verifica la comprensión de los enunciados.
- ▶ Usa tu diccionario si lo crees conveniente.
- ▶ Práctica adicional: En tu cuaderno, cambia este cuadro a las dos formas restantes.

p. 71

SUJETO	VERBO AUXILIAR NEGATIVO	VERBO	RESTO DEL ENUNCIADO
I	must not (mustn't)	smoke	cigarettes.
We	must not (mustn't)	take	the metro.
You	must not (mustn't)	open	the door.
They	must not (mustn't)	play	in the street.
He	must not (mustn't)	eat	pork.
She	must not (mustn't)	paint	the chair.
It	must not (mustn't)	sleep	in the house.

▶ Verifica la comprensión de los enunciados.
▶ Usa tu diccionario si lo crees conveniente.
▶ Práctica adicional: En tu cuaderno, cambia este cuadro a las dos formas restantes.

SUJETO	VERBO AUXILIAR NEGATIVO	VERBO	RESTO DEL ENUNCIADO
I	must not (mustn't)	play	hockey.
We	must not (mustn't)	eat/buy	junk food.
You	must not (mustn't)	write	on the book.
They	must not (mustn't)	drink/buy	soda.
He	must not (mustn't)	have	his cell on.
She	must not (mustn't)	go	to the hospital.
It	must not (mustn't)	be	a problem.

▶ Verifica la comprensión de los enunciados.
▶ Usa tu diccionario si lo crees conveniente.
▶ Práctica adicional: En tu cuaderno, cambia este cuadro a las dos formas restantes.

p. 72

SUJETO	VERBO AUXILIAR NEGATIVO	VERBO	RESTO DEL ENUNCIADO
I	must not (mustn't)	run	the marathon.
We	must not (mustn't)	swim	without goggles.
You	must not (mustn't)	open	the door.
They	must not (mustn't)	ride	on a motorcycle.
He	must not (mustn't)	play	cards.
She	must not (mustn't)	work	at night.
It	must not (mustn't)	be	difficult.

▶ Verifica la comprensión de los enunciados.
▶ Usa tu diccionario si lo crees conveniente.
▶ Práctica adicional: En tu cuaderno, cambia este cuadro a las dos formas restantes.

p. 74-5.3

VERBO AUXILIAR	SUJETO	VERBO	RESTO DEL ENUNCIADO
Must	I	play	the guitar?
Must	we	learn	Chinese?
Must	you	travel	by bus?
Must	they	see	the doctor?
Must	he	buy	a ticket?
Must	she	read	the book?
Must	it	use	gas?

▶ Verifica la comprensión de los enunciados.
▶ Usa tu diccionario si lo crees conveniente.
▶ Práctica adicional: En tu cuaderno, cambia este cuadro a las dos formas restantes.

p. 74

VERBO AUXILIAR	SUJETO	VERBO	RESTO DEL ENUNCIADO
Must	*I*	wear	a suit?
Must	*we*	work	at night?
Must	*you*	go	to Alaska?
Must	*they*	come	in the morning?
Must	*he*	practice	everyday?
Must	*she*	dress	casually?
Must	*it*	cost	$1,000?

▶ Verifica la comprensión de los enunciados.
▶ Usa tu diccionario si lo crees conveniente.
▶ Práctica adicional: En tu cuaderno, cambia este cuadro a las dos formas restantes.

p. 75

VERBO AUXILIAR	SUJETO	VERBO	RESTO DEL ENUNCIADO
Must	I	*read/buy*	the newspaper?
Must	we	*carry/use*	a laptop?
Must	you	*buy/read*	an ebook?
Must	they	*prepare*	lunch?
Must	he	*have/get*	a passport?
Must	she	*walk*	to work?
Must	it	*be*	so slow?

▶ Verifica la comprensión de los enunciados.
▶ Usa tu diccionario si lo crees conveniente.
▶ Práctica adicional: En tu cuaderno, cambia este cuadro a las dos formas restantes.

p. 75

VERBO AUXILIAR	SUJETO	VERBO	RESTO DEL ENUNCIADO
Must	I	buy	*a uniform?*
Must	we	learn	*a foreign language?*
Must	you	speak	*to the authorities?*
Must	they	have	*a passport?*
Must	he	study	*biology?*
Must	she	go	*to the dentist?*
Must	it	be	*a long trip?*

- ▶ Verifica la comprensión de los enunciados.
- ▶ Usa tu diccionario si lo crees conveniente.
- ▶ Práctica adicional: En tu cuaderno, cambia este cuadro a las dos formas restantes.

p. 76

EJERCICIO FINAL:

- El verbo *must* en presente simple tiene _una_ forma(s).
- La forma que se usa con "I" es _must_.
- La forma que se usa con "We", "You" y "They" es _must_.
- La forma para "She", "He" e "It" es _must_.
- Para pasar de la forma afirmativa a la negativa _se añade la negación_.
- Para hacer preguntas _se coloca el auxiliar al principio_.

p. 79-6.1
- ▶ Escribe las contracciones restantes: _We're—You're—They're—He's—She's—It's_

p. 80

SUJETO	VERBO AUXILIAR	VERBO + ing	RESTO DEL ENUNCIADO
I	am('m)	having	breakfast.
We	are('re)	listening	to the radio.
You	are('re)	speaking	on the pone.
They	are('re)	watching	a movie.
He	is('s)	going	to the bank.
She	is('s)	studying	at the university.
It	is('s)	snowing	today.

▶ Verifica la comprensión de los enunciados.
▶ Usa tu diccionario si lo crees conveniente.
▶ Práctica adicional: En tu cuaderno, cambia este cuadro a las dos formas restantes.

p. 81

SUJETO	VERBO AUXILIAR	VERBO + ing	RESTO DEL ENUNCIADO
I	am('m)	sitting	on a sofa.
We	are('re)	walking	to work.
You	are('re)	working	with an ebook.
They	are('re)	living	in a suburb.
He*	is('s)	learning	to swim.
She*	is('s)	jogging	an hour a day.
It*	is('s)	barking	at the cat.

▶ Verifica la comprensión de los enunciados.
▶ Usa tu diccionario si lo crees conveniente.
▶ Práctica adicional: En tu cuaderno, cambia este cuadro a las dos formas restantes.

p. 81

SUJETO	VERBO AUXILIAR	VERBO + ing	RESTO DEL ENUNCIADO
I	am('m)	*preparing*	a hamburger.
We	are('re)	*going*	by bus.
You	are('re)	*learning*	English.
They	are('re)	*staying*	in Italy.
He*	is('s)	*working*	in a bank.
She*	is('s)	*visiting*	her grandmother.
It*	is('s)	*running*	after the cat.

- ▶ Verifica la comprensión de los enunciados.
- ▶ Usa tu diccionario si lo crees conveniente.
- ▶ Práctica adicional: En tu cuaderno, cambia este cuadro a las dos formas restantes.

p. 82

SUJETO	VERBO AUXILIAR	VERBO + ing	RESTO DEL ENUNCIADO
I	am('m)	playing	*with my dog.*
We	are('re)	cooking	*pasta.*
You	are('re)	studying	*archaeology.*
They	are('re)	traveling	*by ship.*
He*	is('s)	making	*a chair.*
She*	is('s)	watching	*a video.*
It*	is('s)	sleeping	*on the armchair.*

- ▶ Verifica la comprensión de los enunciados.
- ▶ Usa tu diccionario si lo crees conveniente.
- ▶ Práctica adicional: En tu cuaderno, cambia este cuadro a las dos formas restantes.

p. 83-6.2

SUJETO	VERBO AUXILIAR NEGATIVO	VERBO + ing	RESTO DEL ENUNCIADO
I	am not ('m not)	going	to the theater.
We	are not (aren't)	feeling	well.
You	are not (aren't)	drinking	decaf.
They	are not (aren't)	wearing	new jeans.
He*	is not (isn't)	staying	in a hotel.
She*	is not (isn't)	working	in the mornings.
It*	is not (isn't)	running	after the ball.

▶ Verifica la comprensión de los enunciados.
▶ Usa tu diccionario si lo crees conveniente.
▶ Práctica adicional: En tu cuaderno, cambia este cuadro a las dos formas restantes.

p. 84

SUJETO	VERBO AUXILIAR NEGATIVO	VERBO + ing	RESTO DEL ENUNCIADO
I	am not ('m not)	doing	homework.
We	are not (aren't)	working	on a project.
You	are not (aren't)	coming	to the party.
They	are not (aren't)	speaking	Japanese.
He*	is not (isn't)	exercising	today.
She*	is not (isn't)	baking	a cake.
It*	is not (isn't)	playing	with the boys.

▶ Verifica la comprensión de los enunciados.
▶ Usa tu diccionario si lo crees conveniente.
▶ Práctica adicional: En tu cuaderno, cambia este cuadro a las dos formas restantes.

p. 84

SUJETO	VERBO AUXILIAR NEGATIVO	VERBO + ing	RESTO DEL ENUNCIADO
I	am not ('m not)	*having*	salad.
We	are not (aren't)	*wearing*	raincoats.
You	are not (aren't)	*drinking*	sodas.
They	are not (aren't)	*going*	by train.
He*	is not (isn't)	*buying*	a Tshirt.
She*	is not (isn't)	*eating*	in a restaurant.
It*	is not (isn't)	*snowing*	in July.

▶ Verifica la comprensión de los enunciados.
▶ Usa tu diccionario si lo crees conveniente.
▶ Práctica adicional: En tu cuaderno, cambia este cuadro a las dos formas restantes.

p. 85

SUJETO	VERBO AUXILIAR NEGATIVO	VERBO + ing	RESTO DEL ENUNCIADO
I	am not ('m not)	visiting	*museums.*
We	are not (aren't)	buying	*souvenirs.*
You	are not (aren't)	eating	*meat.*
They	are not (aren't)	using	*a dictionary.*
He*	is not (isn't)	dancing	*with Rose.*
She*	is not (isn't)	coming	*to the party.*
It*	is not (isn't)	snowing	*this year.*

▶ Verifica la comprensión de los enunciados.
▶ Usa tu diccionario si lo crees conveniente.
▶ Práctica adicional: En tu cuaderno, cambia este cuadro a las dos formas restantes.

p. 87-6.3

VERBO AUXILIAR	SUJETO	VERBO + ing	RESTO DEL ENUNCIADO
Am	I	talking	to Mr. Smith?
Are	we	taking	the right way?
Are	you	calling	the firemen?
Are	they	buying	a new car?
Is*	he	studying	for the exam?
Is*	she	finishing	her book?
Is*	it	sleeping	now?

▶ Verifica la comprensión de los enunciados.
▶ Usa tu diccionario si lo crees conveniente.
▶ Práctica adicional: En tu cuaderno, cambia este cuadro a las dos formas restantes.

VERBO AUXILIAR	SUJETO	VERBO + ing	RESTO DEL ENUNCIADO
Am	I	getting	a discount?
Are	we	leaving	at one o'clock?
Are	you	going	to Acapulco?
Are	they	coming	tomorrow?
Is*	he	standing	line?
Is*	she	playing	a videogame?
Is*	it	making	noise?

▶ Verifica la comprensión de los enunciados.
▶ Usa tu diccionario si lo crees conveniente.
▶ Práctica adicional: En tu cuaderno, cambia este cuadro a las dos formas restantes.

p. 88

VERBO AUXILIAR	SUJETO	VERBO + ing	RESTO DEL ENUNCIADO
Am	I	*going*	to the park?
Are	we	*living*	in Canada?
Are	you	*speaking*	in English?
Are	they	*buying*	an Ipad?
Is*	he	*traveling*	by plane?
Is*	she	*preparing*	a sandwich?
Is*	it	*working*	on batteries?

► Verifica la comprensión de los enunciados.
► Usa tu diccionario si lo crees conveniente.
► Práctica adicional: En tu cuaderno, cambia este cuadro a las dos formas restantes.

VERBO AUXILIAR	SUJETO	VERBO + ing	RESTO DEL ENUNCIADO
Am	I	talking	*to Mr. Rose?*
Are	we	staying	*in Toronto?*
Are	you	renting	*a car/movie?*
Are	they	visiting	*their friends?*
Is*	he	living	*in Mexico?*
Is*	she	having	*breakfast?*
Is*	it	working	*well/properly?*

► Verifica la comprensión de los enunciados.
► Usa tu diccionario si lo crees conveniente.
► Práctica adicional: En tu cuaderno, cambia este cuadro a las dos formas restantes.

p. 89

EJERCICIO FINAL:

- El verbo auxiliar en presente progresivo tiene _tres_ forma(s).
- La forma que se usa con "I" es _am_ .
- La forma que se usa con "We", "You" y "They" es _are_ .
- La forma para "She", "He" e "It" es _is_ .
- Para pasar de la forma afirmativa a la negativa _se agrega la negación_ .
- Para hacer preguntas _colocas el auxiliar antes del sujeto_ .

p. 92-7.1
- Escribe las contracciones restantes: _We've—You've— They've—He's—She's—It's_

p. 93

SUJETO	VERBO AUXILIAR	VERBO PARTICIPIO PASADO	RESTO DEL ENUNCIADO
I	have ('ve)	visited	France.
We	have ('ve)	gone	to many concerts.
You	have ('ve)	eaten	Chinese duck.
They	have ('ve)	come	early all month.
He*	has ('s)	been	an hour on the phone.
She*	has ('s)	worked	in a bank for years.
It*	has ('s)	snowed	in winter.

- Verifica la comprensión de los enunciados.
- Usa tu diccionario si lo crees conveniente.
- Práctica adicional: En tu cuaderno, cambia este cuadro a las dos formas restantes.

p. 94

SUJETO	VERBO AUXILIAR	VERBO PARTICIPIO PASADO	RESTO DEL ENUNCIADO
I	have ('ve)	been	a doctor for a year.
We	have ('ve)	played	the movie three times.
You	have ('ve)	bought	the Times all your life.
They	have ('ve)	seen	two marathons.
He*	has ('s)	run	the violin profesionally.
She*	has ('s)	danced	in a ballet company.
It*	has ('s)	participated	in a dog competition.

- Verifica la comprensión de los enunciados.
- Usa tu diccionario si lo crees conveniente.
- Práctica adicional: En tu cuaderno, cambia este cuadro a las dos formas restantes.

SUJETO	VERBO AUXILIAR	VERBO PARTICIPIO PASADO	RESTO DEL ENUNCIADO
I	have ('ve)	drunk	milk all my life.
We	have ('ve)	informed	the police.
You	have ('ve)	opened	a new store.
They	have ('ve)	called	from New York.
He*	has ('s)	read	many novels.
She*	has ('s)	bought	a new coat.
It*	has ('s)	been	hot in summer.

- Verifica la comprensión de los enunciados.
- Usa tu diccionario si lo crees conveniente.
- Práctica adicional: En tu cuaderno, cambia este cuadro a las dos formas restantes.

p. 95

SUJETO	VERBO AUXILIAR	VERBO PARTICIPIO PASADO	RESTO DEL ENUNCIADO
I	have ('ve)	made	*a fortune.*
We	have ('ve)	asked	*for information.*
You	have ('ve)	visited	*Teotihuacan.*
They	have ('ve)	read	*the news.*
He*	has ('s)	written	*many articles.*
She*	has ('s)	cooked	*for years.*
It*	has ('s)	worked	*with electricity.*

- Verifica la comprensión de los enunciados.
- Usa tu diccionario si lo crees conveniente.
- Práctica adicional: En tu cuaderno, cambia este cuadro a las dos formas restantes.

p. 97-7.2

SUJETO	VERBO AUXILIAR NEGATIVO	VERBO PARTICIPIO PASADO	RESTO DEL ENUNCIADO
I	have not (haven't)	eaten	Japanese food.
We	have not (haven't)	visited	New Orleans.
You	have not (haven't)	worked	in a gas station.
They	have not (haven't)	studied	Mandarin.
*He**	has not (hasn't)	made	a mistake.
*She**	has not (hasn't)	done	her work.
*It**	has not (hasn't)	functioned	well.

- Verifica la comprensión de los enunciados.
- Usa tu diccionario si lo crees conveniente.
- Práctica adicional: En tu cuaderno, cambia este cuadro a las dos formas restantes.

p. 97

SUJETO	VERBO AUXILIAR NEGATIVO	VERBO PARTICIPIO PASADO	RESTO DEL ENUNCIADO
I	have not (haven't)	baked	a pie.
We	have not (haven't)	gone	to the North Pole.
You	have not (haven't)	had	the flu.
They	have not (haven't)	called	the police.
He*	has not (hasn't)	played	the chello.
She*	has not (hasn't)	been	an acrobat.
It*	has not (hasn't)	appeared	on facebook.

- Verifica la comprensión de los enunciados.
- Usa tu diccionario si lo crees conveniente.
- Práctica adicional: En tu cuaderno, cambia este cuadro a las dos formas restantes.

p. 98

SUJETO	VERBO AUXILIAR NEGATIVO	VERBO PARTICIPIO PASADO	RESTO DEL ENUNCIADO
I	have not (haven't)	had/eaten	pepperoni pizza.
We	have not (haven't)	been/gone	to Puerto Rico.
You	have not (haven't)	finished	the book.
They	have not (haven't)	come	to my home.
He*	has not (hasn't)	cooked	a steak.
She*	has not (hasn't)	made	a pone call.
It*	has not (hasn't)	watched	TV all week.

- Verifica la comprensión de los enunciados.
- Usa tu diccionario si lo crees conveniente.
- Práctica adicional: En tu cuaderno, cambia este cuadro a las dos formas restantes.

p. 98

SUJETO	VERBO AUXILIAR NEGATIVO	VERBO PARTICIPIO PASADO	RESTO DEL ENUNCIADO
I	have not (haven't)	read	*the book.*
We	have not (haven't)	traveled	*by plane.*
You	have not (haven't)	answered	*the letter.*
They	have not (haven't)	listened	*to the CD.*
He*	has not (hasn't)	swum	*in a lake/river.*
She*	has not (hasn't)	gone	*to a foreign country.*
It*	has not (hasn't)	been	*an example.*

- Verifica la comprensión de los enunciados.
- Usa tu diccionario si lo crees conveniente.
- Práctica adicional: En tu cuaderno, cambia este cuadro a las dos formas restantes.

100-7.3

VERBO AUXILIAR	SUJETO	VERBO PARTICIPIO PASADO	RESTO DEL ENUNCIADO
Have	I	offered	a contribution?
Have	we	done	something wrong?
Have	you	bought	a pet?
Have	they	traveled	to Niagara?
Has	he*	gone	to the moon?
Has	she*	worked	in a school?
Has	it*	been	on sale?

- Verifica la comprensión de los enunciados.
- Práctica adicional: En tu cuaderno, cambia este cuadro a las dos formas restantes.

p. 101

VERBO AUXILIAR	SUJETO	VERBO PARTICIPIO PASADO	RESTO DEL ENUNCIADO
Have	I	caused	the problem?
Have	we	spoken	to Mary?
Have	you	seen	the doctor?
Have	they	used	my laptop?
Has	he*	told	the story?
Has	she*	baked	the apple pie?
Has	it*	arrived	on time?

- Verifica la comprensión de los enunciados.
- Usa tu diccionario si lo crees conveniente.
- Práctica adicional: En tu cuaderno, cambia este cuadro a las dos formas restantes.

VERBO AUXILIAR	SUJETO	VERBO PARTICIPIO PASADO	RESTO DEL ENUNCIADO
Have	I	finished	for the day?
Have	we	made	the cell call?
Have	you	contacted	the people?
Have	they	checked	the car?
Has	he*	put	the ad on the paper?
Has	she*	sung	the National Anthem?
Has	it*	gone	to the vet?

- Verifica la comprensión de los enunciados.
- Usa tu diccionario si lo crees conveniente.
- Práctica adicional: En tu cuaderno, cambia este cuadro a las dos formas restantes.

p. 102

VERBO AUXILIAR	SUJETO	VERBO PARTICIPIO PASADO	RESTO DEL ENUNCIADO
Have	I	opened	*my mouth?*
Have	we	seen	*John?*
Have	you	gone	*to Canada?*
Have	they	read	*the book?*
Has	he*	learned	*French?*
Has	she*	visited	*the pyramids?*
Has	it*	come	*from China?*

- Verifica la comprensión de los enunciados.
- Usa tu diccionario si lo crees conveniente.
- Práctica adicional: En tu cuaderno, cambia este cuadro a las dos formas restantes.

EJERCICIO FINAL:

- El verbo auxiliar en presente perfecto tiene _dos_ forma(s).
- La forma que se usa con "I" es _have_.
- La forma que se usa con "We", "You" y "They" es _have_.
- La forma para "She", "He" e "It" es _has_.
- Para pasar de la forma afirmativa a la negativa _se agrega la negación al auxiliar_.
- Para hacer preguntas _se intercambian auxiliar y sujeto_.